PUHUA BOOKS

我们一起解决问题

新时代管理学青年学者学术文库

可视化竞争情报服务

张收棉 著

人民邮电出版社
北 京

图书在版编目（CIP）数据

可视化竞争情报服务 / 张收棉著. -- 北京 : 人民邮电出版社, 2022.11（2023.12重印）
（新时代管理学青年学者学术文库）
ISBN 978-7-115-60033-2

Ⅰ. ①可… Ⅱ. ①张… Ⅲ. ①可视化软件—应用—竞争情报—情报服务—研究 Ⅳ. ①G250.25-39

中国版本图书馆CIP数据核字(2022)第166102号

内 容 提 要

本书根据可视化竞争情报服务的特征、目标、组成、功能以及类型等，对可视化竞争情报服务工作的运行准备、运行过程、运行控制、运行保障等内容进行了深入的探讨，以期真正发挥竞争情报的功能，弥合竞争情报与企业决策之间的缺口，提升竞争情报工作在企业中的地位。同时，书中以我国企业竞争情报服务工作现状为依据，讨论了可视化竞争情报服务的行为优化问题，为实现可视化竞争情报服务工作的可持续发展提供了有效指导。

本书适合竞争情报相关工作人员、企业管理者，以及相关领域的研究者、师生阅读和使用。

◆ 著 张收棉
责任编辑 程珍珍
责任印制 彭志环
◆人民邮电出版社出版发行 北京市丰台区成寿寺路 11 号
邮编 100164 电子邮件 315@ptpress.com.cn
网址 https://www.ptpress.com.cn
涿州市般润文化传播有限公司印刷
◆开本：700×1000 1/16
印张：13.5 2022 年 11 月第 1 版
字数：260 千字 2023 年 12 月河北第 4 次印刷

定 价：89.00 元

读者服务热线：（010）81055656 印装质量热线：（010）81055316
反盗版热线：（010）81055315
广告经营许可证：京东市监广登字20170147号

前言

当前企业面临的竞争环境发生了巨大变化，与之相伴的是企业竞争情报工作存在诸多问题，迫切需要人们寻找新的解决思路与方案。

一、竞争环境

（一）竞争态势复杂多变

经济全球化、技术进步、消费者偏好的复杂多变等，加大了企业竞争环境的复杂性、动态性和不确定性，使企业管理者面临着一系列非连续性的无法预测的变化。1996 年，乔治 · S. 戴伊（George S. Day）与戴维 · J. 雷布斯坦因（David J. Reibstein）将这种竞争现象归纳为“动态竞争（Dynamic Competition）”[①]。

在动态竞争中，每一位竞争者都试图建立自己的竞争优势并削弱竞争对手的竞争优势，但这种环境中的竞争优势只是暂时的，很有可能被竞争对手通过模仿或创新所取代，或被新的市场需求淘汰。因此，为了永立竞争大浪的潮头而不被淹没，竞争者必须追求一系列暂时性竞争优势，力求时时处处棋高一着。

---

① 李文达，龙勇. 组织学习——动态竞争环境下竞争优势的源泉［J］. 科技管理研究，2005（11）：236-238.

对于高强度的竞争互动，为了制定有效的竞争策略，决策者在制订本企业的行动计划时，必须考虑客户、竞争对手以及其他市场参与者的可能反应。市场需求的变化和竞争互动不断改变着竞争优势的具体内容[①]，游戏规则也常常因为竞争互动而改变。

在动态的世界里，只有变化是不变的，只有巧妙地预测市场中微妙的和明显的趋势并采取行动才能长久地维持竞争优势[②]。因此，无论是企业实践者还是理论研究者，都在努力探索开展有效的分析预测以及战略规划的方法、技术和工具。从线性思维静态分析方法中的SWOT分析、五力模型、定标比超分析等，到非线性思维动态分析方法中的情景分析、战争游戏法等，这些方法都是人们为了提高竞争战略的有效性而开发或从其他领域引进的分析、预测方法。

（二）信息价值加速提升

信息的流动与控制直接影响着企业的计划、预算，甚至是生存[③]。正如比尔·盖茨所言：你怎样搜集、管理和使用信息将决定你的输赢[④]。在动态的竞争环境中，变化万千，让管理者应接不暇。管理者把握大局及控制、应对这些变化的能力直接影响着企业的生存与发展。信息是管理者制定决策的依据。一个完善的信息系统、一套完备的情报机制，将有利于决策制定者有效把握企业自身以及整个竞争生态系统的状态，制定有效的竞争策略。在高强度战略互动的竞争环境中，我们需要基于竞争对手的能力、现有行动和行动趋势等筹划自己的战略计划，因此对竞争对手进行跟踪监测就很有必要。

信息情报如此重要，故而企业之间展开了激烈的情报争夺战。为了实现自

① 于畅海，张岩，王迎军．超越竞争还是超强竞争［J］．科学学与科学技术管理，2008（6）：148-151.

② Yukika Awazu. Informal roles and intelligence activities: some management propositions［J］. Journal of Competitive Intelligence and Management, 2004, 2(1):16-24.

③ 斯蒂芬·M. 沙克尔，马克·P. 吉姆比克依．企业竞争情报作战室［M］．王知津，李培，李德升，等译．北京：人民邮电出版社，2005：32.

④ 比尔·盖茨．未来时速［M］．蒋显璟，姜明，译．北京：北京大学出版社，1999：3.

己的目标，击败竞争对手，竞争者利用各种竞争情报或情报搜集手段多方探求对方的重要信息，更有甚者则不惜破坏游戏规则而开展谍报活动之类的非法情报搜集行为。因此，为了保护自己的信息不被对方获取，企业应积极实施各种信息安全保护措施，并开展反竞争情报活动。

面对当前的信息竞争环境，王知津教授等（2006）曾从竞争的角度对信息管理进行了解释[①]：信息管理是为了维护和巩固自身的信息主权，并在某种程度上对竞争对手的信息行为产生某种影响，进而获得信息优势，竞争参与者利用各种可得的信息技术和恰当的信息分析方法，对信源、信道、信宿以及信息流进行最优化选择。

（三）反应速度面临挑战

有学者说，当今时代，不是大鱼吃小鱼，而是行动快的吃掉行动慢的[②]。还有学者说，21 世纪的竞争是基于时间的竞争，速度决定一切[③]。不管如何表述，这些话都说明了反应速度决定了企业的输赢。企业的成功越来越依靠管理人员能否及时地意识到影响组织迅速变化的事件[④]。这些事件包括客户需求的变化、竞争对手推出新产品以及企业危机等。

在买方市场，客户有多种选择，他们可以选择符合自己需求的产品而放弃不合要求的产品。不管企业拥有的客户忠诚度有多高，企业都应始终保持危机意识，因为一旦被客户抛弃就很难再让他们回头。由于科学技术高度发展，各种产品千姿百态，竞争者要争分夺秒地研究更好、更符合客户需求的产品，而最先推出新产品的企业才有可能夺取竞争的主动权。企业危机是指那些突然发生的可以使企业声誉受损甚至危及企业生存和发展的事件，如人力资源危机、

---

① 王知津，张收棉．国际竞争新环境下信息管理学科建设［J］．情报科学，2006（11）：1601-1605.

② 约翰·E. 普赖斯科特，斯蒂芬·H. 米勒．竞争情报应用战略——企业实战案例分析［M］．包昌火，谢新洲，译．长春：长春出版社，2004：29.

③ 刘冰．动态环境中企业竞争情报发展趋势［J］．图书情报知识，2007（6）：21-24.

④ Steven M. Shaker, Thodore L Rice. Beating the Competition: from War Room to Board Room［J］. Competitive Intelligence Review, 1995, 6(1):43-48.

行业危机、工伤事故危机、媒体危机等。这些危机暴露了企业经营体制中存在的弊端，企业必须迅速、有效地化解危机，使企业得到提升，只有这样才能使企业得以长远发展。

现在的商业环境中有许多与以上类似的需要即时反应的事件，面对这些事件，管理者要做的不仅仅是应对，更重要的是预测。竞争情报活动是管理者对内外部活动保持有效监督的一种工具，而有效的竞争情报运行机制可以增强企业在事件发生之前的预测能力，极大地提高企业在事件发生之后的反应速度。

二、企业竞争情报工作问题诊断

在复杂性、动态性、不确定性都非常高的竞争环境中，有效的竞争情报工作可以帮助企业更好地监测竞争环境、竞争对手活动以及企业自身的运营状况，增强企业的预测和反应能力，进而提升企业的竞争优势。但是目前的企业竞争情报工作存在着很多问题需要改进，主要表现在以下几个方面。

（一）信息过载

信息过载是指人们接受了太多信息，却无法有效整合、组织及内化成自己需要的信息，以致影响人们的工作、生活以及人际关系等[①]。在竞争情报工作中，信息过载现象出现的原因主要有两种。一种原因是目前竞争情报工作中存在着重搜集而轻分析的问题。在信息社会，企业的信息意识增强，为了获取竞争信息，他们积极搜集各种信息，储存堆积了大量信息，但却没有进行有效的信息分析和管理，日积月累，企业最终陷入了事实和数字的泥潭。另一种原因则是在动态复杂的竞争环境下得到的竞争信息千头万绪。竞争环境的复杂多变，为竞争形势的分析带来了重重迷障。企业为了有效制定竞争策略，必须利用多

① 蔺丰奇，刘益．信息过载问题研究述评［J］．情报理论与实践，2007（5）：710-714.

种渠道掌握多方信息。错综复杂的竞争信息往往令企业管理者仿佛置身于迷雾之中而无法看清竞争环境。

在企业竞争情报工作实践中，广泛存在着管理者面临的信息很多，但大部分信息与决策制定无关的现象；也存在着管理者面临的信息纷繁芜杂，很难厘清竞争态势的情况。由于信息过载，人们的信息处理能力受到严峻挑战，企业决策者很难从琐细中辨别事情的重要方面。如何有效筛选影响决策制定的数据，并以合适的表达方式可视化信息，以辅助人们更好地开展情报分析工作，成为企业竞争情报工作亟待解决的问题。

（二）信息孤岛

信息孤岛是指相互之间在功能上不关联互助、信息不共享互换以及信息与业务流程和应用相互脱节的计算机应用系统。简而言之，信息孤岛就是一个个相对独立的不同类型的数字资源系统（即管理信息系统）。由于各系统间无法进行正常的信息交流，无法自动识别、处理信息，需要依靠外力（人工）干预进行，从而极大地降低了信息系统间的合作效率[①]。虽然现在已有很多企业引入竞争情报系统，许多企业有着全面的信息基础设施，但是仍没有以系统的方式管理信息，信息孤岛现象依然存在。企业对信息的管理多是按部门划分，部门间各自为政，缺乏信息组织的规范化和信息交流的渠道与环节，使信息画地为牢，无法共享，很多有用的信息被闲置[②]。

情报分析工作的开展需要综合利用各方面的数据和信息，但信息孤岛的存在阻碍着信息的流动和利用。企业中的信息孤岛，不仅仅存在于计算机系统中，也存在于组织系统中人与人之间的信息交流共享上。不同的管理者有着不同的人际网络和不同的兴趣爱好，因此我们会获得不同的有关企业环境或相关问题的信息。某位管理者所掌握的暂时对他自已来说可能没有什么情报价值的信息，

① 刘宝杰，许勇．基于信息熵的企业信息孤岛分析［J］．现代计算机，2007（5）：91-92.

② 杨红春，庞怡．竞争情报研究——企业发展的有力支撑点［J］．华东科技，1997（11）：35-36.

却很有可能是另外一位管理者积极寻求而不可得的。因为缺乏有效的沟通交流机制，使得具有战略和战术价值的信息散落在某些人手中而得不到共享。有些信息如果在合适的时间以合适的方式传递到合适的人手中，将会对企业绩效的提升以及战略决策的制定产生重大影响。因此，如何实现信息的无障碍流动，激活管理者各自掌握信息的情报价值，降低管理者的信息搜寻成本，是企业竞争情报工作面临的又一大问题。

（三）时空断层

企业及其所处的竞争生态系统是不断发展变化的，竞争问题也就在这种发展变化中孕育、萌芽并成长。竞争生态系统的变化影响、制约着竞争问题的产生和发展，同时某时刻竞争问题的状况也会对该时刻的竞争生态系统产生影响，竞争生态系统和竞争问题互相影响、互相促进。企业要想在竞争问题的“潜伏－萌芽－成熟”过程中有效规避影响，必须要有一定的掌控能力。这就需要企业能够把握竞争生态系统的演绎过程，需要竞争情报工作者掌握其进程，在空间轴上把握各竞争参与者的动态。如果对竞争生态系统变化的跟进发生中断或发生跳跃，必定会形成竞争情报工作的时空断层，从而形成对竞争问题的片断性和片面性认识。由于目前我国大部分企业仍没有设立专门的竞争情报工作部门，对竞争情报分析的需求多是临时业务，只有在企业有需求时才组织力量或通过情报机构有针对性地开展情报搜集、处理、分析工作，这必然会在对竞争生态系统变化的跟进过程中产生断点。由于没有做到持之以恒，我国企业竞争情报工作形成了时空断层，从而使得竞争情报研究低效甚至无效。

从长远发展角度考虑，企业应将竞争情报工作作为一种日常职能，并采取“全面铺张，重点突破”策略，以实现对企业竞争的运筹帷幄。通过持续地对竞争情报进行跟踪分析，企业可有效地把握竞争生态系统的演进过程和当前的竞争态势，整体理解企业所处的竞争环境，及时洞察异常情况以及面临的机遇与威胁，从而做出应对策略。将企业竞争情报工作视为一项系统工程、一个循序渐进的过程，并将其贯穿于企业发展的始终，有利于企业深刻把握相关现象的来龙去脉，及时针对变化为决策者提供相关情报。

（四）认识片面

虽然现在我国企业的竞争情报意识有所加强，竞争情报系统作为企业战略管理的支持平台为企业的战略制定、战略实施、战略决策和信息反馈等活动提供了一定的情报保障，但是与发达国家相比，我国企业的竞争情报工作仍处于比较落后的状态。究其原因，笔者认为我国学术界和实业界引进的一些竞争情报案例仅仅是一些概括性或片段性的，企业无法根据这些案例全面了解和学习国外企业竞争情报工作经验，更无法掌握国外竞争情报工作的精髓，最终导致我国有的企业仍不知竞争情报为何物，更不知如何着手开展这项工作。有的企业则利用学到的皮毛开展着走了样的竞争情报工作；有的企业则认为竞争情报工作不过如此，对竞争情报工作不屑一顾；只有个别企业在摸索中成功地开展了竞争情报工作。这可以说是一种“盲人摸象”效应，产生这种效应的根本原因是我国企业缺少一种可供参考的、可操作的、有效的运行模式和机制。

不同国家的企业的经营模式和竞争环境有着不同的特征，因此不同国家的企业有着不同的竞争方式和技巧。虽然我国企业的经营管理方法落后于发达国家，并需要引进发达国家先进的管理理念和方法，但并不是要照搬照抄，而是要结合我国企业的经营实际进行适当的调整、融合。企业竞争情报工作也是如此，在积极学习国外经验的同时，还应该结合我国企业的实际情况积极创新。这就需要学术界和实业界通力合作——学术界走出象牙塔深入企业，实业界加强竞争情报知识培训——共同探索符合我国企业经营状况和竞争环境的竞争情报工作模式，以推动我国企业竞争情报工作的健康运行，真正发挥竞争情报工作的功能。

综上所述，在高度复杂、动态、不可预测的竞争环境中，完善的竞争情报机制，可以帮助企业有效把控整个竞争生态系统，及时攫取竞争机会，尽可能减少意外事件及其给企业带来的危害和损失，维护或提升企业的竞争地位。但目前的企业竞争情报工作存在着很多问题需要改进，竞争情报工作人员需要彻底改变自己的思维方式，以适应动态多变的竞争环境。为了改变企业竞争情报工作的现状，本书将对可视化竞争情报服务的运行机制进行深入的探讨，以期真正发挥竞争情报的功能，弥合竞争情报与企业决策之间的缺口，提升竞争情报工作在企业中的地位。

目录

第一章

企业竞争与竞争情报服务

可视化竞争情报服务是为提升企业在复杂、动态的竞争环境中的竞争能力而产生的一种新的竞争情报模式。本章以企业竞争、企业竞争情报的相关情况为借鉴，在对它们进行梳理、分析与评价的基础上，明确可视化竞争情报服务的基点。

第一节　企业竞争

一、经济学视角的企业竞争研究

企业竞争一直都是经济学家热衷研究的内容，研究成果一直作为经济理论的重要组成部分并不断发展。从经济学的角度来看，竞争与市场同义，指经济主体为追求有利的市场条件，实现自身既定的经济利益和经济目标而不断进行相互角逐的过程。企业竞争及其采取的竞争战略就是在一定的社会条件下实现资源配置的具体途径和实现方式[①]。英国古典经济学家亚当·斯密（Adam Smith）的自由竞争理论，用“经济人”假设、“看不见的手”和自然秩序三项内容阐述了竞争规律，他主张采取自由、放任的竞争方式来实现利益和谐与市

① 李国津．论企业竞争理论的双维演进［J］．当代财经，2001（11）：48-52.

场均衡。20 世纪 30 年代英国经济学家罗宾逊和美国经济学家张伯伦几乎同时分别发表了《不完全竞争经济学》和《垄断竞争理论》，他们认为现实是不完全竞争或垄断竞争，但他们仍然把完全竞争作为一种理想状态，认为它比不完全竞争或垄断竞争更为有效，竞争政策的目标仍然是力求实现完全竞争[①]。自由竞争、完全竞争以及不完全竞争和垄断竞争这几种竞争理论都是基于现实中不可能存在的假设，是以静态的方法来分析竞争的。

1912 年，熊彼特在《经济发展理论》一书中系统阐述了创新理论并提出了动态竞争的初步观点，他认为竞争在时序、内部结构上都是一个创新与技术进步的动态过程，这对动态竞争理论的产生起到了开创性的作用[②]。20 世纪 50 年代至 60 年代，克拉克在熊彼特的影响下提出并最终形成的有效竞争理论是现代竞争理论的第一个完整理论体系，该理论将有效竞争定义为由“突进行动”和“追踪行动”这两个阶段构成的一个无止境的动态过程。自此，竞争理论的主流派放弃了传统竞争理论的静态均衡模式，将分析起点建立在了动态竞争的基础之上。20 世纪 60 年代，以梅森、贝恩、谢勒为代表的哈佛学派建立了产业组织理论，他们从经验研究出发，具体分析市场结构（S）、市场行为（C）和市场结果（P）之间的因果关系，形成了 S-C-P 体系，进一步发展了克拉克的有效竞争理论。他们认为为了保持有效竞争，获得令人满意的市场成果，政府必须运用竞争政策对市场结构和市场行为进行干预与调节。

在以往研究的基础上，有关竞争理论的新观点、新发现不断涌现，如最佳竞争强度理论、竞争自由理论、芝加哥学派的竞争理论、新奥地利学派的竞争理论、可竞争市场理论、交易费用理论、公司组织理论等。值得一提的是，马克思的竞争理论在经济学说史上也具有非常重要的地位，该理论是建立社会主义市场经济的基本原则。竞争理论的演变几乎贯穿了经济学说史的全过程，并在当时及后来的国家对竞争政策的制定中发挥了非常重要的作用。但这些尚不足以指导企业竞争战略的制定，因为这些对竞争理论的研究主要集中在企业的

---

① 李秀芝，王振锋．对竞争理论演变的分析与述评［J］．学术交流，2006（9）：66-69.

② 吴小丁．现代竞争理论的发展与流派［J］．吉林大学社会科学学报，2001（2）：67-72.

竞争环境与条件上，对企业竞争的具体方式和手段问题则未涉及，因此仍需要从微观角度或深入企业内部对竞争问题进行研究，管理学领域的企业竞争战略理论便由此产生[①]。

二、管理学视角的企业竞争研究

管理学领域对企业竞争的研究主要集中在对竞争手段的分析上，探讨企业应该采用什么方式、在何时何地与谁竞争。管理学对企业竞争问题的研究经历了企业从忽视竞争到适应竞争，再到主动竞争这样一个发展历程。

在20世纪50年代之前的卖方型市场中，产品供不应求，企业之间无须为市场份额和竞争地位而战，市场环境比较稳定。因此，这段时期，企业竞争理论在管理学领域并没有受到像在经济学领域那样的礼遇。管理学理论主要是探索劳动率下降的原因和解决途径，侧重于讨论企业内部因素对有效或高效实现组织目标的影响，如古典管理理论中泰罗的科学管理理论主要局限于工厂管理这个狭隘的领域；以霍桑实验结果为起点的行为科学理论研究的重点有企业内部的个体行为、团体行为与组织行为，研究成果主要充实了管理中人际关系理论及组织和领导理论；第二次世界大战后出现的系统管理学派、决策学派、管理科学学派等被孔茨（H.Koontz）称为管理理论丛林，这些学派没有将企业竞争问题作为研究的重点。

20世纪50年代至60年代，西方国家经济高速发展，市场由卖方型转变为买方型，消费者的需求呈现多样化。科技水平的不断提高，推动着产品和制造工艺及行业快速发展。经济国际化发展在为企业扩大经营空间的同时，也给企业带来了更大的竞争压力。企业面临的竞争环境日益复杂，再加上资源短缺等现象的出现，管理学界研究的重点开始由内部生产效率问题转向外部市场占有率问题，此时管理学才开始真正重视有关企业竞争理论问题的探讨。1957年，加州大学伯克利分校教授菲利浦·塞兹尼克（Philip Selznick）在《经营管理中

① 李国津．论企业竞争理论的双维演进［J］．当代财经，2001（11）：48-52.

的领导力》(*Leadership in Administration*)一书中首次引入了“竞争力”的概念，并首次将战略思想引入企业管理范畴，重点探讨了企业组织内部状态与外部期望的必要性，他认为应该制定“深入组织、社会结构的战略”，以形成企业的竞争力[①]。1962年，美国著名管理学家、麻省理工学院的艾尔弗雷德·D.钱德勒（Alfred D. Chandler）在《战略与结构：工业企业史考证》(*Strategy and Structure*)一书中首次探讨了外部环境、组织结构与战略三者之间的相互关系。1965年，美国著名管理学家H.伊格尔·安索夫（H. lgor. Ansoff）在《公司战略》(*Corporate Strategy*)一书首次提出了“战略决策模式”概念[②]，开创了战略规划的先河。安索夫被誉为“战略管理的鼻祖”。20世纪70年代有许多知名学者围绕环境、组织、战略三大因素之间的匹配关系进行了相关研究，如哈佛商学院教授肯尼思·R.安德鲁斯（Kenneth R. Andrews）及其同事伦德（Learned）、克里斯蒂森（Christensen）和古斯（Guth）等，以及霍弗（C.W.Hofer）、安索夫等。但是，早期传统战略理论侧重于对企业如何“适应”既定的竞争环境的研究，而忽视了企业对内外部竞争优势的主动分析、选择和创造问题，这一阶段属于企业被动竞争理论的探讨阶段。

20世纪80年代，市场竞争的全球化和多样化，使企业竞争更加激烈、竞争环境更加复杂多变，这也促使企业战略理论研究不断发展和完善，研究重点逐步由被动竞争转移到了主动竞争方面。1980年和1985年美国哈佛商学院迈克尔·波特（Michael E. Porter）在其所著的《竞争战略》和《竞争优势》中将战略管理理论推向了顶峰，书中许多思想被视为战略管理理论的经典，如五力模型、四角模型、三种基本战略（成本领先、标新立异和目标集聚）、价值链分析模型等。迈克尔·波特的这些分析工具，为企业如何积极主动地根据自身的竞争优势和行业特征选择合适的战略定位提供了重要依据。20世纪90年代之后，由于企业竞争强度的日益加剧，对企业如何挖掘、创造和维持自身的竞争优势以选择最有效的方式参与竞争等方面的战略研究，出现了前所未有的活

① 蒋运通．企业战略管理——理论、过程与实践．北京：企业管理出版社，2006：2-12.

② 同①。

跃景象。其中，最具代表性的是1990年普拉哈拉德和哈默（C. K. Prahalad & Gary Hamel）在《哈佛商业评论》上发表的《企业核心能力》（*The Core Competence of the Corporation*）一文。同时，20世纪90年代竞争环境的重大变化也引起了企业之间竞争关系的变化，竞争理念由“对抗竞争”转向“合作竞争”与“超越竞争”，这集中体现在1996年哈佛大学教授布兰丹伯格和纳尔巴夫（Brandenbuerger & Nalebuff）的竞合（Co-opetition）理论及德一波诺（De Bono）的超越竞争（Sur/Petition）理论中。

三、生态学视角的企业竞争研究

生态学向其他学科蔓延、渗透的能力极强，20世纪70年代以来几乎没有哪一门学科像它这样获得如此广泛的应用。生态学已不仅仅是一门学科，更是一种科学的思维方法。企业之间由于合作越来越普遍，逐步形成了一种联系越来越紧密的生态系统。利用生态学理论更容易理解企业之间的相互作用，以及企业与竞争环境的演化过程。美国管理大师德鲁克（Drucker）曾说过，企业之间的生存发展如同自然界中各种生物物种之间的生存和发展，它们均是一种生态关系。

1993年，美国学者詹姆斯·穆尔（James F. Moore）在《哈佛商业评论》发表的《捕食者与被捕食者：一种新的竞争生态学》（*Predators and Prey: A New Ecology of Competition*）一文中，提出了企业生态系统的发展演化理论。1996年，穆尔又在其专著《竞争的衰亡：商业生态系统时代的领导与战略》（*The Death of Competition: Leadership and Strategy in the Age of Business Ecosystems*）中提出并定义了“商业生态系统”的概念，用生态学的观点解释企业之间的竞争问题，用系统观点反思竞争的含义，并主张共同进化。穆尔因其独特的竞争战略视角，而被美国《商业周刊》列入1996年度“最新战略家”名单①。战略

① 李国津. 论企业竞争理论的双维演进［J］. 当代财经，2001（11）：48-52.

生态理论将企业经营所处的环境视为一个生态系统，认为商业生态系统是以组织和个人的相互作用为基础的经济联合体，并指出企业不应将自己看作单个的或扩展的企业，而应将自己视为一个包括供应商、生产者、竞争者及其他利益相关者在内的企业生态系统的成员[①]。1998年，穆尔又进一步强调了商业生态系统的动态性和共生性，指出商业生态系统是“一个由相互支撑的组织所构成的扩展系统，这个系统包括客户群、供应商群、产业领导群、投资商、金融商、贸易合作伙伴、标准制定者、工会、政府及具有政府职能的单位，以及其他利益共同体单位。这些单位通过利益共享、自组织甚至有些偶然的方式聚集在一起”。[②]

生态学视角的竞争理论超越了以往纯对抗性的企业竞争观点，将企业置于一个具有各种如共生、寄生、竞争等生态关系的竞争生态系统大环境中，描绘出一个产业融合环境下的企业竞争生态系统。在这个竞争生态系统中，各企业之间形成一个错综复杂的网络：企业的生存和发展不仅受自身条件的制约，还与其周围的竞争生态环境有着密切的关系；企业每一个战略举动，都会为整个竞争环境带来一系列的变动，可谓牵一发而动全身。因此，企业在制定竞争战略时，不能仅考虑企业自身的状况和利益，还要考虑对各种利益相关者的可能影响及他们的可能反应行动。从生态学的视角研究企业的竞争系统，可以指导企业选择更加科学的竞争手段和行为，实现企业对所处商业生态系统的长期适应和生态系统的进化，最终促进企业的可持续发展。

四、军事学视角的企业竞争研究

企业组织面临与军事组织相同的生存课题：如何捕捉环境机会，转化环境风险，进而求得自身的生存和发展。企业竞争与军事战争的相似之处促使了研

① 谢洪明，刘跃所．战略生态与战略网络的经营［J］．软科学，2005，19（2）：46-50.

② 杜国柱，舒华英．企业商业生态系统理论研究现状及展望［J］．经济管理研究，2007（7）：75-79.

究者积极吸取具有几千年历史的军事作战理论，以充实企业竞争理论的研究；实业界人士为了获取商战的成功，潜心学习军事作战理论。在军事作战理论向企业竞争领域的移植过程中，我国春秋末期军事家孙武撰写的《孙子兵法》最为企业管理者所看重，该书极大启发了他们对企业竞争的深入研究。

《孙子兵法》包括一套十分完备的军事思想体系和战略战术原则，是中国古代兵书的奠基之作，被称为兵学圣典。因其包含丰富的谋略思想和博大精深的领导艺术，故而在现代工商企业管理实践中得到了广泛应用。《孙子兵法》在我国经济领域的应用由来已久。据《史记·货殖列传》记载，最早将《孙子兵法》引入经营管理的是战国魏文侯时的白圭。司马迁记载白圭经商采取"人弃我取，人取我与"策略，这正是兵法中的"避实击虚"。白圭也自称"吾治生产，犹伊尹、吕尚之谋，孙吴用兵，商鞅行法是也"。最先将《孙子兵法》的谋略哲学应用于现代企业和商战的则是二十世纪五六十年代正值经济恢复和重建的日本。在日本众多运用孙子思想的企业家中，最具代表性的是兵法经营学派倡导者大桥武夫，其著作《用兵法经营》《企业经营的诀窍》《兵法经营要点》等对《孙子兵法》中的精华在经营管理中的运用做了深入的研究和总结，并形成了"兵法经营学派"的理论体系，在世界经济领域颇有影响①。由于日本企业的成功，《孙子兵法》的商战应用价值在欧美等国的学术界和实业界都引起了广泛关注与重视。美国著名管理学家乔治就在《管理思想史》一书中直言："你想成为管理人才吗？必须去读《孙子兵法》！"②弗雷德·R. 戴维在《战略管理》（*Strategic Management Concepts*）一书中，特别讲述了"经营战略与军事战略之比较"，指出"丰富的军事遗产为战略管理研究奠定了基础"，并对《孙子兵法》进行了重点介绍和详尽摘录③。我国也曾在 20 世纪 80 年代末至 90 年代中期掀起了一股全国性的"孙子兵法热"④。在这股热潮的影响下涌现了一批研究《孙子兵法》

① 邱复兴. 孙子兵法在现代商战中的价值及应用［J］. 滨州学院学报，2005，21（5）：137-143.

② 刘翠华. 孙子兵法在经济领域的应用［J］. 现代经济信息，2008（4）：191.

③ 弗雷德·R. 戴维. 战略管理［M］. 李克宁，译 .10 版 . 北京：经济管理出版社，2006：26-28.

④ 宫玉振.《孙子兵法》在经济领域中应用的历史性跨越［J］. 滨州学院学报，2005，21（5）：132-136.

在企业竞争中应用的专业学者和企业家。

此外，毛泽东军事思想、卡尔·冯·克劳塞维茨的《战争论》等军事理论在企业竞争领域中的应用研究也深受学者与实践者的钟爱。关于军事战略与经济战略之间的联系，古希腊著名的哲学家苏格拉底便已注意到，他安慰在将军竞选中败给一名商人的希腊士兵尼考麦肯兹时说："一名将军的职责与一名商人的职责是相同的，双方都需要对自身资源的使用进行计划，以实现目标。"[①]但是在借鉴军事作战理论丰富企业竞争研究的同时，还需要注意企业竞争与军事战争之间存在的不同之处。例如，军事作战是纯粹的生死之战，是一种极端的竞争，具有一定的破坏性；而企业之间除了竞争之外还有合作，企业在竞争中求生存、求发展，最终实现整个商业生态系统的进步。因此，企业借鉴军事作战理论时，仍需要坚守促进企业"共同进化"的原则，避免军事作战中的过激手段所带来的危害。

对企业竞争理论的研究，已经形成了由经济学、管理学、生态学及军事学四种理论视角组成的四维模型，而企业的竞争观和竞争手段也在这四种理论的综合影响下不断进步和发展，并带来了企业竞争技能的不断升级。在这种情况下，企业竞争已经成为多种维度上的竞争变数相互交织、融合而成的复杂活动，企业间的竞争态势也愈加扑朔迷离。这对作为辅助企业竞争制胜必不可少的手段的企业竞争情报研究也提出了新的挑战。在竞争行为路径受到多重因素影响的情况下，为了辅助企业管理者对整个竞争形势的把握和洞察，企业竞争情报工作也需要对以往静止的线性、平面式的工作方法进行革新，探求一种动态的多维、可视化的情报模式和机制。

① 洪兵，李同勇．孙子兵法与现代商战理性竞争［J］．滨州学院学报，2005，21（5）：122-126.

第二节　企业竞争情报工作概述

一、竞争情报与企业竞争战略

（一）竞争情报的战略功能

竞争情报的战略功能是指在企业决策制定过程中，竞争情报所发挥的各种作用，如理解竞争、预测竞争环境等。为了深刻、透彻地展现竞争情报的战略功能，及其对企业竞争战略的作用机理，以指导企业竞争情报工作的实际运行，国内外众多学者从多种角度对竞争情报的战略功能进行了挖掘、论证。

阿尔夫 · H. 沃尔（1999）认为，竞争情报可以为整个战略制定过程提供信息，使之更加有效、更具环境适应性，并能够更好地承受外界压力[①]。企业战略决策的制定一般都基于主观判断做出的假设。兰吉特（2008）认为竞争情报可以通过对企业所处行业、企业自身及竞争对手的理解，来验证或补充企业假设中未考虑到的问题[②]。斯蒂芬妮（2005）也曾经利用资源框架讨论竞争情报作为一种竞争优势来源的相关价值及其对战略过程的影响[③]。他认为任何一项战略成功的关键在于具备识别、建立并维持相对于竞争对手的竞争优势的能力，而竞争情报活动就是成功配置这些能力的一种竞争优势源，具体表现在两个方面：

---

① Alf H. Walle. From marketing research to competitive intelligence: useful generalization or loss of focus?[J]. Management Decision, 1999, 37(6): 519-525.

② Ranjit Bose. Competitive intelligence process and tools for intelligence analysis [J]. Industrial Management and Data System, 2008, 108(4): 510-528.

③ Stephanie Hughes. Competitive Intelligence as Competitive Advantage [J]. Journal of Competitive Intelligence and Management, 2005, 3(3): 3-18.

一方面，最新、相关并经过分析的情报在战略形成过程的重要阶段提供有关环境和竞争对手的重要数据，积极影响战略开展过程的不同阶段；另一方面，竞争情报工作人员所拥有的企业特定的隐性知识可以促进战略实施，同时可以确保搜集到的情报能够传递给有影响力的决策者，并融入战略管理过程的所有阶段。

国内学者王曰芬和臧强（2001）指出，开展竞争情报活动的目的是向企业管理人员描绘出一个全面、动态的竞争环境图景，以使企业充分、准确地估计自身的竞争能力、竞争对手的实力和外部环境蕴藏的各种机会与威胁，从而制定和实施竞争战略，创建并保持持久的竞争优势①。他们认为无论是战略的制定，还是战略的实施和评价，都需要对企业的竞争环境、竞争对手和竞争战略进行研究与分析，并阐述了战略管理与情报研究的互动过程。陈峰和梁战平（2003）则从战略管理全过程入手，阐述了竞争情报与战略管理的互动和融合关系②。他们认为没有竞争情报能力的同步跟进，企业传统信息功能难以完成监测、分析外部环境信息和竞争对手的任务，在不能“知己知彼”的情况下，战略制定、战略选择和战略实施都难以高质量地完成；没有战略管理的需要，企业决策者对外部环境信息的需求有限，竞争情报也难以拥有生存和发展的土壤。简而言之，战略管理催生竞争情报，竞争情报支持战略管理。杨冰（2007）则分析了环境竞争情报在企业决策过程中的重要意义，他认为环境竞争情报是联系企业与外界的桥梁和纽带，可以减少企业在决策过程中对事物认识或判断的不确定性和信息的不对称性③。董素音和蔡莉静（2007）认为战略管理过程是一个多次信息反馈构成的闭环过程，竞争情报也正是在企业战略决策过程的不同阶段发挥其不同的作用的④。竞争情报的作用机理如图 1-1 所示。

---

① 王曰芬，臧强．企业战略管理与竞争情报［J］．情报科学，2001（1）：9-10.

② 陈峰，梁战平．构建竞争优势：竞争情报与企业战略管理的互动与融合［J］．情报学报，2003（10）：632-635.

③ 杨冰．企业环境竞争情报的战略地位及其开发路径［J］．情报杂志，2007（5）：90-92.

④ 董素音，蔡莉静．竞争情报理论与方法［M］．北京：海洋出版社，2007：12-15.

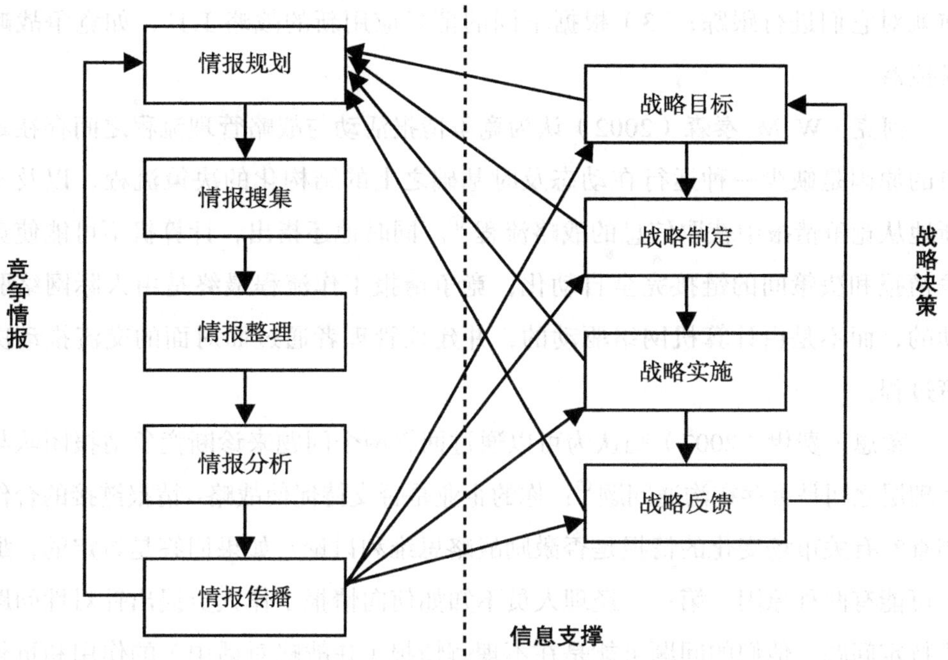

图 1-1　竞争情报的作用机理

（二）竞争情报与战略管理的链接研究

竞争战略需要信息，竞争情报提供信息，但是在拥有信息之后却往往没有严格及时地进行信息分析，辅助制定具有决定性影响的策略，这种现象出现的主要原因是竞争情报与竞争战略之间存在缺口。针对如何弥补这种缺口，实现竞争情报与竞争战略的链接，有效发挥竞争情报对企业战略的辅助功能，研究者们开展了坚持不懈的探索。

马克 · J. 丘斯（1996）提出了竞争情报和竞争战略之间缺口的三种架接工具[①]：（1）情景思考和规划，即通过竞争情报跟踪可以展示情景演变的早期预警指标；（2）实时战略，即对组织竞争战略信息系统，在相关数据被请求之

① Mark J. Chussil. Competitive Intelligence Goes to War: CI, the War College, and Competitive Success［J］. Competitive Intelligence Review, 1996, 7(3): 36-69.

前就对它们进行跟踪；（3）根据不同的情景应用新的战略工具，如竞争战略模拟器。

柯克 · W. M. 泰森（2002）认为竞争情报活动与战略管理流程之间存在缺口的原因是缺少一种运行在动态及时基础之上的结构化的决策流程，以及不断地从竞争情报中获取信息的战略流程①。同时他还指出，计算机不可能使竞争情报和决策间的链接完全自动化，竞争情报工作流程最终是由人际网络驱动的，而不是由计算机网络驱动的，并建议管理者通过面对面的交流推动决策过程。

莱恩 · 费伊（2007）则认为可以通过回答两个问题来诊断竞争情报团队与经理层之间是否存在沟通问题②：你的企业是否支持促使战略–情报链接的合作调查？有关市场变化的情报是否激励战略思维和讨论？如果回答是否定的，那么可能有两种原因。第一，经理人员不知如何向情报工作人员提出针对性问题或特定问题。他们的问题可能是在不理解情报（在战略对话中）的作用和贡献的情况下提出的。例如，"告诉我们你所知道的关于竞争对手 ×× 的所有事情"或"告诉我们这个技术领域正在发生什么变化"。第二，情报工作人员未能将战略制定工作看作他们工作的一部分，因此无法挑战管理者根深蒂固的视角、观点和假设。他们认为，从战略–情报链接的根本上矫正这种通信不畅的现象，需要高层管理者提出由情报工作人员解决的特定问题，指引并驱动对话；也需要情报工作人员创造成为重要战略输入的情报输出。而评价"重要性"的标准应该是整个组织的执行者和管理者能否找到与战略开发和执行相关的情报输入。这种为高层管理者的定向问题和情报工作人员的真正战略输入创造整合的目标是，实现情报部门能力的重大改进。这种提升的能力将使情报部门的日常工作不再是单纯的市场变化描述而是战略评估。也就是说，情报系统可以针对企业当前及未来的战略向企业领导提供市场变化深层内涵分析。

---

① 柯克 · W. M. 泰森. 竞争情报完全指南［M］. 王玉，郑逢波，张佳浩，等译 .2 版 . 北京：中国人民大学出版社，2004：8-36.

② Liam Fahey. Connecting Strategy and Competitive Intelligence: refocusing intelligence to produce critical strategy inputs［J］. Strategy and Leadership, 2007, 35(1): 4-12.

二、竞争情报工作流程

一般认为竞争情报工作流程是五个步骤的循环：（1）规划与定向，（2）搜集活动，（3）分析，（4）传播，（5）反馈。这种循环是首尾相连的单向循环，强调各环节之间的单向促进和整个过程的循环往复性，具体如图 1-2 所示。虽然这是一种经典的竞争情报工作流程循环模型，但约翰 · J. 麦戈纳格尔（2007）认为此模型向管理者传达了三个方面的问题[①]：首先，它基于美国政府情报模型设计，具有高度的官僚政治色彩；其次，该模型中，依赖竞争情报的最终用户向竞争情报工作部门提供需求，竞争情报工作部门获取用户需求后再做出反应，而这一过程实际上是为辅助战略的竞争情报设计的，因而未能支持战术层或竞争技术情报中使用的竞争情报；最后，它未能向使用竞争情报的人员提供一个可操作模型。

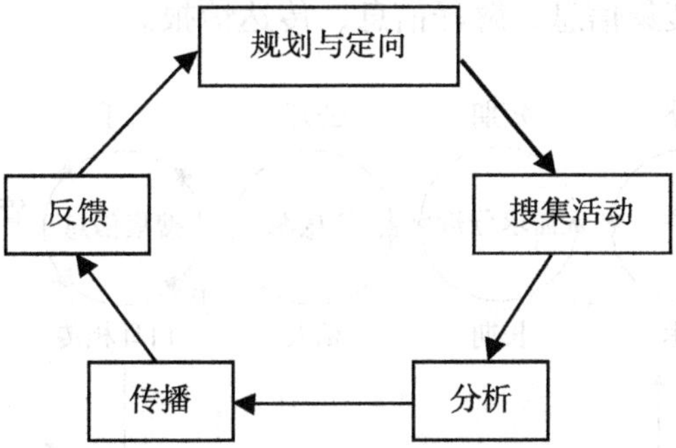

图 1-2　竞争情报工作流程循环

确实，美国军事情报领域的相关人员已经认识到了这种单向循环中存在的缺陷，并将该模型修正为图 1-3 所示的竞争情报工作运行流程[②]。该流程在具体内容上没有大的变化，但它抛弃了以往类似于线形或星形的结构，而采用网状的拓扑结构，强调不同情报行动之间的相互联系。

---

① John J. McGonagle. An Examination of the "Classic" CI Model［J］. Journal of Competitive Intelligence and Management, 2007, 4(2): 71-86.

② 张晓军，任国军，张长军等. 美国军事情报理论研究［M］. 北京：军事科学出版社，2007：67-75.

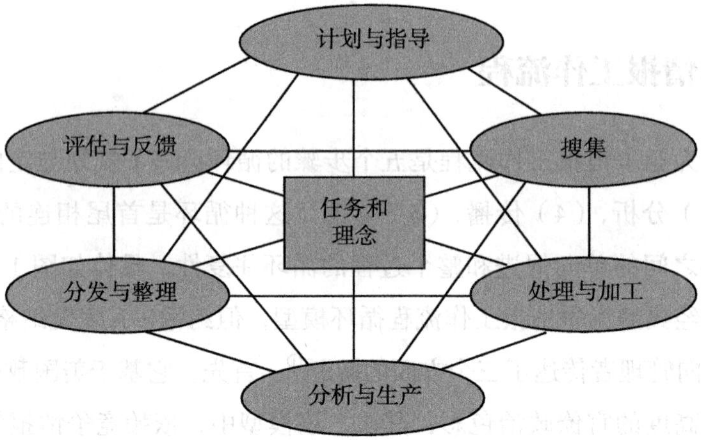

图 1-3　竞争情报工作运行流程

但是，目前在竞争情报领域，企业广泛采用的流程大多仍是线性结构流程。例如，康威 · L. 拉克曼等（2000）将不同的功能纳入市场情报系统并建立了图 1-4 所示的闭环模型①。该模型所包括的功能有识别用户、评估用户的情报需求、识别信息源、搜集信息、解释信息、传达情报。

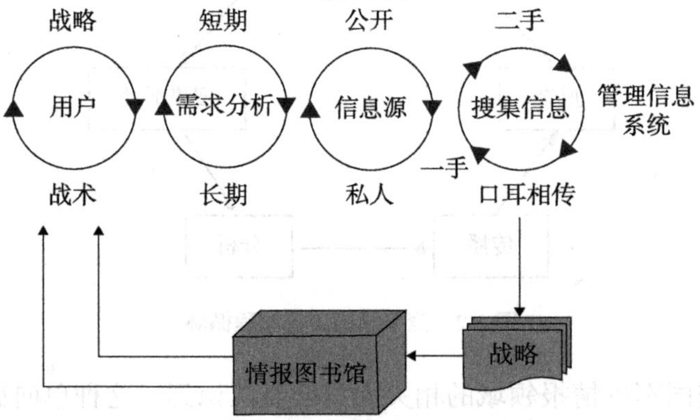

图 1-4　市场情报系统的闭环模型

米歇尔 · 库克和柯蒂斯 · 库克（2000）展示的竞争情报工作流程模型包括

① Conway L. Lackman, Henneth Saban, John M. Lanasa. Organizing the Competitive Intelligence Function: A Benchmarking Study [J]. Competitive Intelligence Review, 2000, 11(1): 17-27.

十个步骤[①]：（1）决定为什么开展竞争情报工作；（2）根据步骤（1）的要求提出需解决的具体问题；（3）列出组织内外现有资源的分布，找出差距，提高资源利用的效率；（4）情报工作人员或团队开展信息搜集工作；（5）信息加工；（6）对信息的质与量、准确率、可信度等进行评估，如有差距，再返回到步骤（4），反之，则进行下一步；（7）分析数据和信息使之成为情报；（8）情报传播；（9）情报应用；（10）效果评估。如图 1-5 所示，组成此模型的十个步骤之间仍然是一种单线联系，缺少彼此之间的互动。

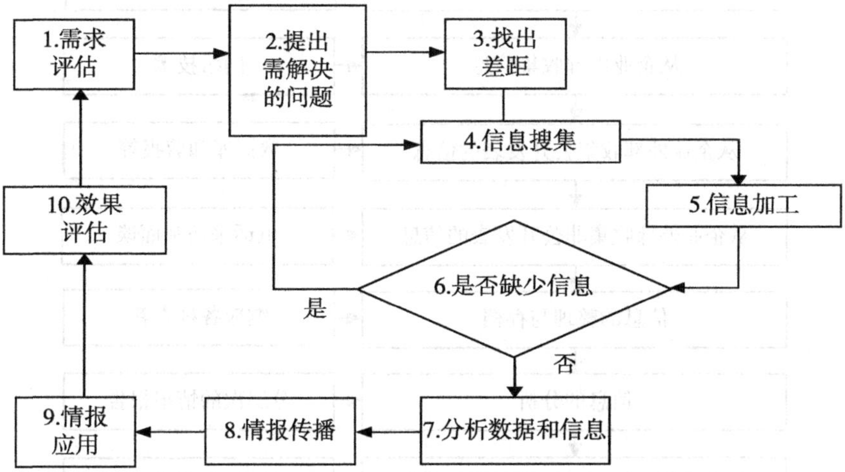

图 1-5　竞争情报工作流程模型

我国学者缪其浩（1996）认为企业竞争情报工作流程应包含图 1-6 所示的环节[②]。从图 1-6 中可以看出，企业决策层对竞争情报工作的支持起着至关重要的作用。但笔者认为，这种竞争情报工作流程仍是一种没有循环机制的线性流程，不利于企业竞争情报工作的积累和可持续发展。

① 王知津．竞争情报［M］．北京：科学技术文献出版社，2005：75-76.

② 缪其浩．市场竞争和竞争情报［M］．北京：军事医学科学出版社，1996：142-143.

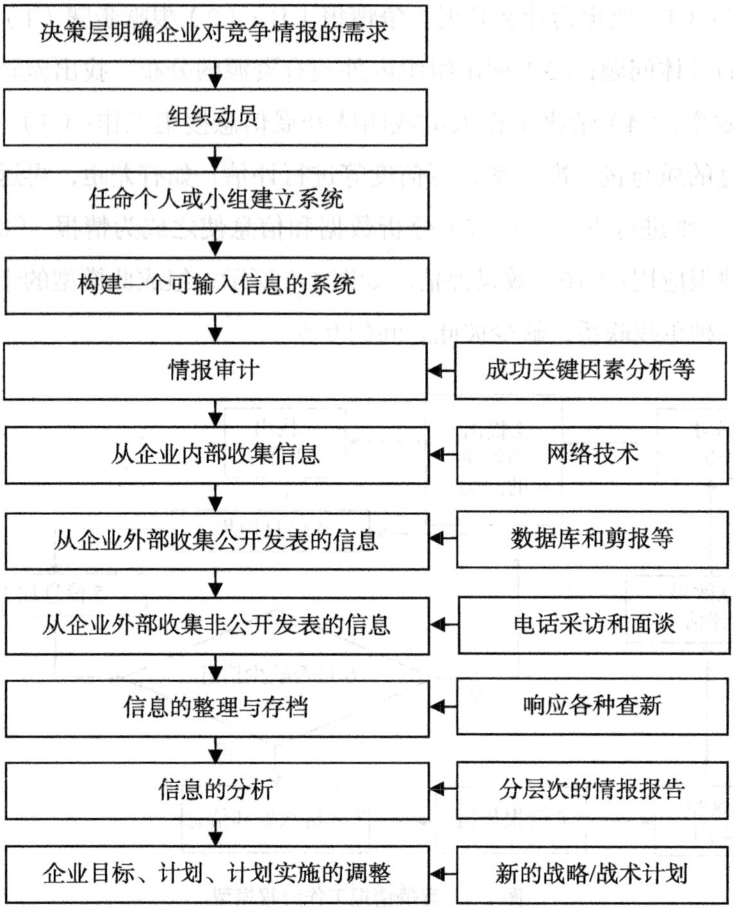

图 1-6　企业竞争情报工作流程

我国学者沈丽容（2003）诠释了图 1-7 所示的竞争情报工作五阶段流程①，她认为竞争情报工作的各个阶段都应紧紧围绕提高企业竞争力这一目的展开，这五个阶段相辅相成，任一阶段的结构都将对下一阶段的工作产生影响，从而影响竞争情报工作的整体效果。因此，笔者认为沈丽容解释的这种竞争情报工作流程也是一种线性结构流程。

此外，还有一些学者对竞争情报工作流程的研究避开了单纯的实施步骤模式，从竞争情报工作不同的影响因素入手综合考察其运行过程。

---

① 沈丽容. 竞争情报：中国企业生存的第四要素［M］. 北京：北京图书馆出版社，2003：132-133.

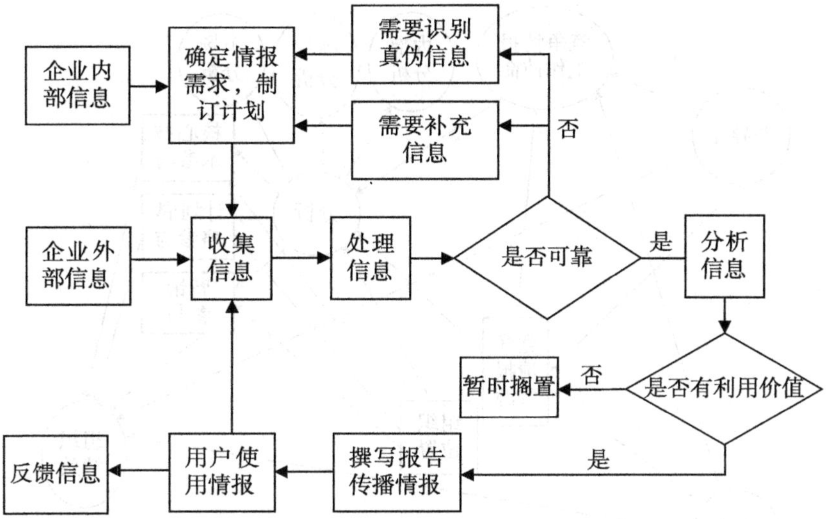

图 1-7　竞争情报工作五阶段流程

柯克・W. M. 泰森（2002）认为可以采用执行信息系统（Executive Information Systems，EIS）的方法，从职能、组织和系统三个角度设计竞争情报工作流程[①]。执行信息系统也就是所谓的商务情报系统，它是一种数据库系统方法，为高层管理者提供业务计划和制定决策的支持。笔者认为，柯克・W. M. 泰森提出的这种竞争情报工作流程并不是竞争情报工作开展的过程，而是一个包括组织系统、计算机系统和竞争情报任务系统的完整的竞争情报系统运行流程。

科瑟・D. 安蒂亚和詹姆士・W. 赫斯福德（2007）认为竞争情报关注的问题之一是挑战导致错误理解有关市场如何运行、竞争对手正在做什么、客户正在想什么或者未来的发展方向等的盲点[②]。为了更好地理解竞争情报及其在组织中担任的角色，他们从识别竞争情报对组织绩效影响的角度调查其过程，并建立了框架，框架具体包括以下要素：（1）企业环境和竞争战略，（2）对竞争情报资源、竞争情报使命和竞争情报单元组织位置的管理与构建，（3）情报分析与传播，（4）以组织绩效表示的成果。竞争战略对竞争情报工作的影响如图 1-8 所示。

① 柯克・W. M. 泰森．竞争情报完全指南．王玉，郑逢波，张佳浩，等译．2 版．北京：中国人民大学出版社，2004：8-36.

② Kersi D. Antia, James W. Hesford. A Process-Oriented View of Competitive Intelligence and Its Impact on Organizational Performance［J］. Journal of Competitive Intelligence and Management, 2007, 4(1): 3-31.

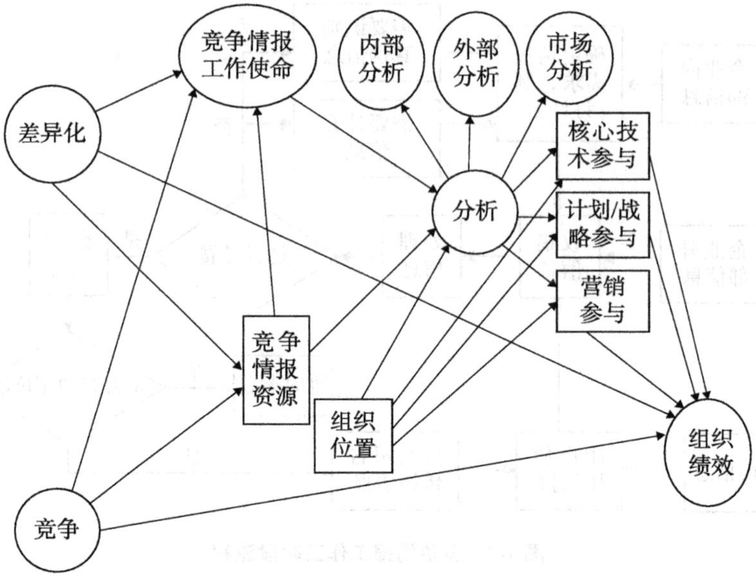

图 1-8　竞争战略对竞争情报工作的影响

樊松林等（2000）从竞争情报需求的角度，将竞争情报分为两大类，即常规情报和特定情报①。常规情报主要指向决策者定期、定点提供的情报；特定情报指决策者为制定一项专门的计划或策略，所需要的具有特定要求和内容的情报。樊松林等人的观点与笔者前面提出的“全面铺张，重点突破”策略相一致。

三、竞争情报工作产品

（一）竞争情报工作产品类别

1982 年，柯克 · W.M. 泰森按照竞争情报工作产品的战略价值设计了情报层级图②，如图 1-9 所示。他认为从战略影响表这一层面情报才开始产生，然后层级越高

① 樊松林，张怀涛，卢清．竞争情报研究论［M］．西安：西安出版社，2000：337-339.

② 柯克 · W. M. 泰森．竞争情报完全指南［M］．王玉，郑逢波，张佳浩，等译 .2 版．北京：中国人民大学出版社，2004：175-189.

附加价值越大，而层级顶端的月度情报简报和特别情报简报的目标受众是高级管理层。此外，美国学者摩欣德·杜格尔博士在1986年依据目标用户、情报工作产品的寿命、信息来源、分析工具、成本费用等标准建立了竞争情报产品体系，他认为竞争情报工作产品包括最新情报、商业情报、技术情报、预警情报、预测情报、工作组情报、特定情报、危机情报、国外情报、反情报十种类型[①]。在国内有关竞争情报产品类型的研究中，大部分学者引用或完善了柯克·W. M. 泰森的观点[②]。

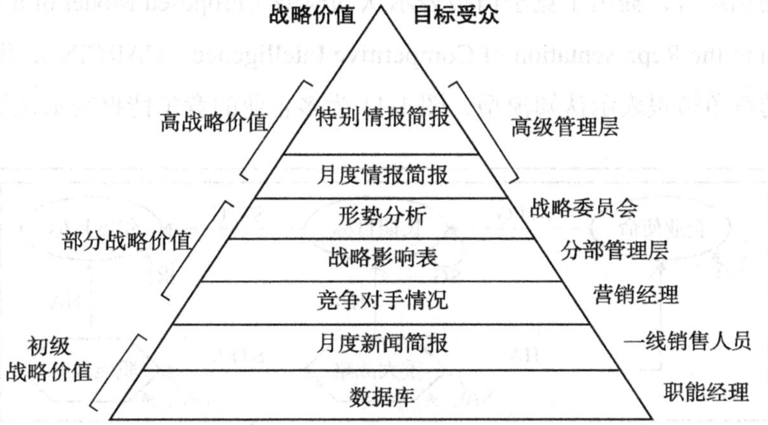

图 1-9 情报层级

（二）可视化竞争情报工作产品研究

传统上，竞争情报在组织中以口头方式或者像时事通信和报告这样的常规文本格式传播。然而许多领域的研究结果表明，与严格的文本相比，以图形表示的信息更容易被接收者吸收、理解。在《视觉解释》一书中，图非指出如果用正确的视图进行描述，能得到更多、更有效的理解并最终得出正确的决策[③]。

① Mohinder Dugal. CI Product Line: A Tool for Enhancing User Acceptance of CI［J］. Competitive Review, 1998, 9(2): 17-25.

② 侯延香．企业预警情报管理研究 [D]．天津：南开大学，2007.

③ 斯蒂芬·M. 沙克尔，马克·P. 吉姆比克依．企业竞争情报作战室［M］. 王知津，李培，李德升，等译．北京：人民邮电出版社，2005：120.

1. 基于认知理论的信息展示

理查德·詹姆斯·约翰逊（1994）在其博士学位论文的研究中建立了①：（1）基于管理者认知的竞争情报知识模型，（2）用图形和易于理解的方式辅助竞争情报知识提取的原型。他认为在竞争情报领域，采用图形的方式进行信息描述可以让管理者清楚了解自己的战略规划活动、竞争对手计划、环境因素以及不同的企业特征之间的关系。他将用故事结构展示竞争对手信息的方法与竞争情报和战略规划相结合，提出了竞争情报表示认知模型（Proposed Model of a Cognitive Approach to the Representation of Competitive Intelligence，CARCIN），图 1-10 为单企业的竞争情报表示认知模型，图 1-11 为多企业的竞争情报表示认知模型。

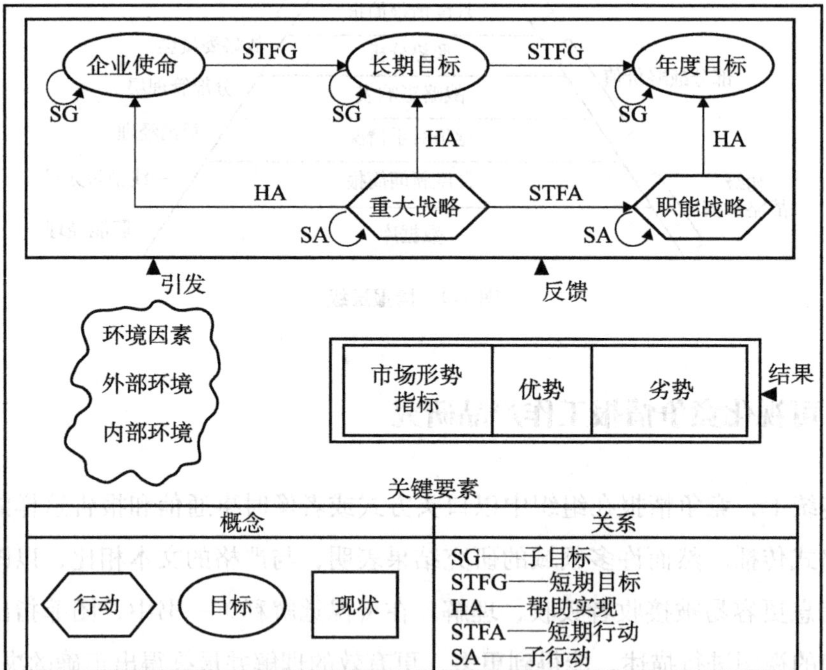

图 1-10 竞争情报表示认知模型——单企业

① Richard James Johnson. A Cognitive Approach to the Representation of Managerial Competitive Intelligence Knowledge.[D].Arizona : The University of Arizona, 1994.

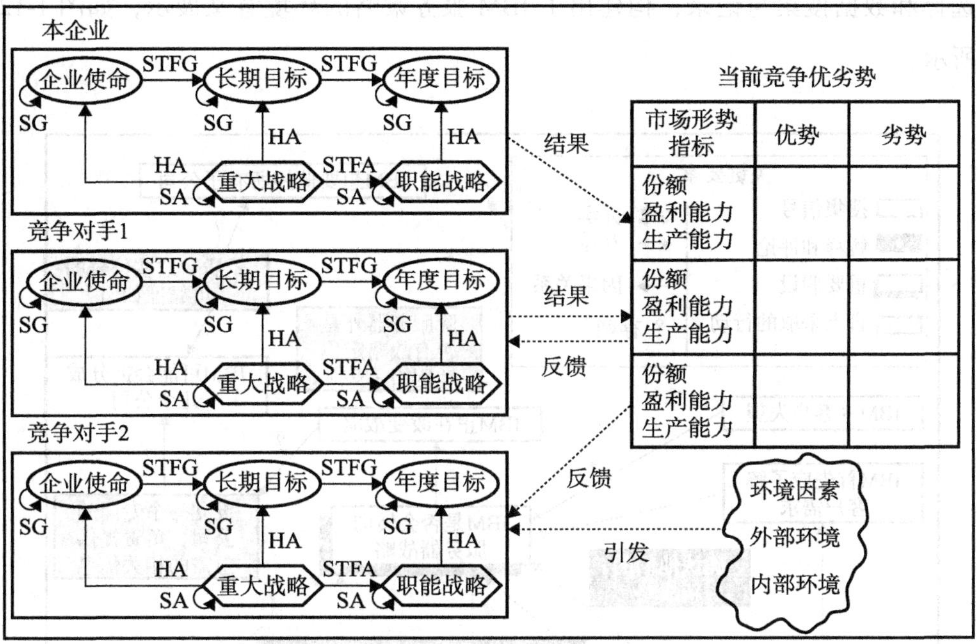

图 1-11　竞争情报表示认知模型——多企业

利用图形描述信息，管理者可以：（1）专注于战略拼图的某几块信息的研究，（2）发现丢失的信息，（3）了解所有的信息间的关系。用图形描述信息为管理者提供了一种快速了解信息的工具，辅助他们记忆，并更好地识别信息之间的关系。这是现在的竞争情报工作使用传统的“列菜单”（Laundry List）方式所无法完成的。

尽管人们已经认识到商业情报（BI）对组织成功的重要性，但它的生机和效力仍然因为实践者无力开发战略信息而受到质疑。西尔维·布兰克等（2003）认为应该建立一种得到管理者认可的信息分析方法，这种方法既可以由个人单独使用也可以由集体使用，即使是在并不急需解决某问题或制定某项策略的时候也可以使用①。他们认为 BI 信息处理应该依靠人类的认知过程来完成，并将所建立的创造性集体情报过程的概念模型在企业中进行了实践，通过数据源的

① Sylvie Blanco, Marie-Laurence Caron-Fasan, Humbert Lesca. Developing Capabilities to Create Collective Intelligence within Organizations [J]. Journal of Competitive Intelligence and Management, 2003, 1(1): 80-92.

选择和数据搜集与记录，构建出了 IBM 服务策略的环境意义展示，如图 1-12 所示。

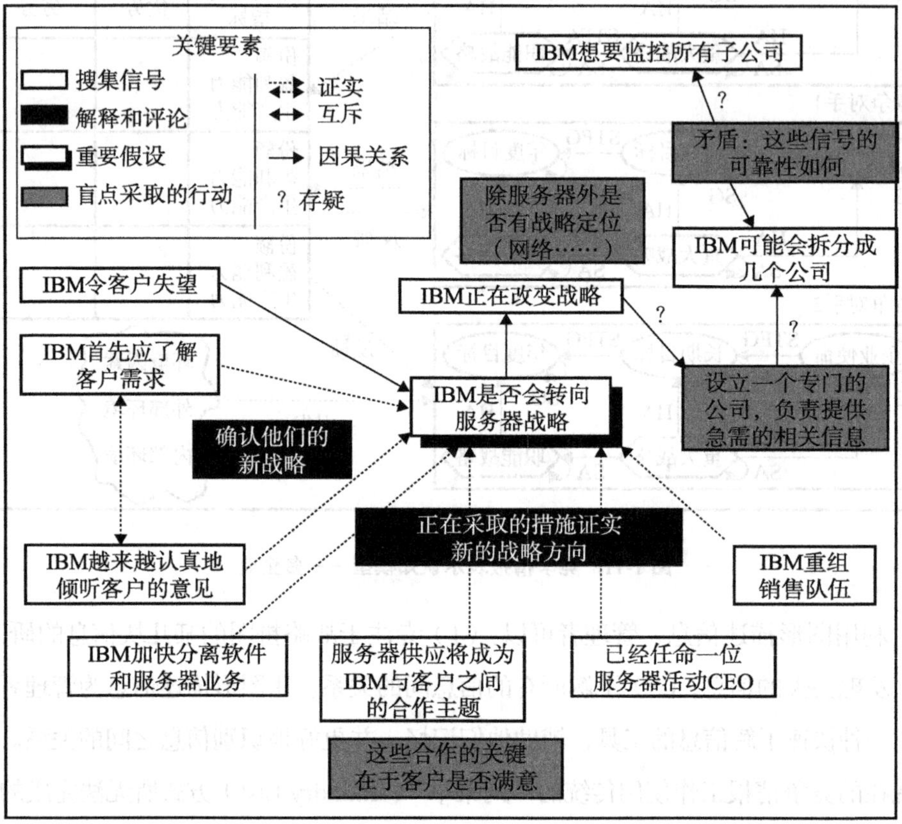

图 1-12　环境意义展示示例

西尔维·布兰克等人提出的这种方法真正有利于将管理者通过直觉意识到的东西形式化并进行更深层的推理。这种模型注重实效，是一种实施 BI 尤其是日常信息开发的组织工具和概念，是一种展示如何解决认知信息过载和信息不足的培训工具。

2. 基于系统动力学的信息展示

当前的资源战略和核心人才的管理方式需要搜集大量情报，以确保形成关于环境和竞争对手能力的正确假设。为了更好地利用现有方法创建竞争系统模型，J. H. 鲍威尔和 J. P. 布拉德福（2000）将商业过程建模中广泛使用的定性系统动力学（Qualitative Systems Dynamics，QSD）知识应用于竞争系统模型的构建中，利用QSD图表开展情报定位和分析[①]。他们认为要想开展有效的竞争情报分析，就应该考虑组织与其他参与者开展竞争的动态环境。

3. 经验建模

威廉·罗伊·赫辛和哈特琳·H. 伍兹（1996）认为使用竞争情报的最终目的是在竞争对手达成目标之前就获取他们的技术诀窍。情报专家不仅仅是为决策者搜集信息，更重要的是设计将决策者的判断集中到“知识块”所需要的结构和工具，促使决策者自己解决“难题”[②]。他们采用的经验建模（Experiential Modeling，EM）方法的基本构成包括复杂模板和术语表设计，将判断转化为数学等式的建模过程，利用这些等式解决复杂难题的技巧。EM 模板由数学模型、逻辑等式和自定义术语表构成，可搜集、分类、量化并评估产品和技术特征、优点、性能与潜力，并将所有这些因素与市场需求相联系。一般由经验丰富的协调者带领专家团队根据他们的知识、经验和判断完成这些模板的设计。描述 EM 过程的公式如下所示。

问题 + 工具 + 专家 = 解决方案

4. 技术路线图

技术路线图是应用视图工具明确某一特定领域目标或技术的相关环节之间的逻辑关系[③]。技术路线图最早出现于美国汽车行业，在二十世纪七八十年代被摩托罗拉公司和康宁公司用于公司管理，前者主要将技术路线图应用于技术发展和技术定位，后者主要应用于公司战略。我国研究者刘细文和柯春晓（2007）认为技术路线图将市场、产品及技术的演变信息展示在一张图中，可以看到不

① J. H. Powell, J. P. Bradford. Targeting Intelligence Gathering in a Dynamic Competitive Environment [J]. International Journal of Information Management, 2000, 20(3): 181-195.

② William Roy Hesting, Hathleen H. Woods. Experiential Modeling: Innovation Opportunity for Competitive Intelligence Professionals [J]. Competitive Intelligence Review, 1996, 7(4): 57-68.

③ 韩晓琳，张庆普．技术路线图在知识管理中的应用．[J]．预测，2007（2）：41-47.

同层级之间的相互关系以及不同层级的横向发展①。他们认为这种方法非常适用于战略情报研究，即利用技术路线图的分析框架，将战略情报分为战略情报需求、情报工作产品或服务、情报技术、情报专家等层次，借助专家的意见或通过整理挖掘专家的文献，将战略情报结果表现出来，从而大大增加战略情报研究报告的价值。技术路线图的基本框架如图 1-13 所示。

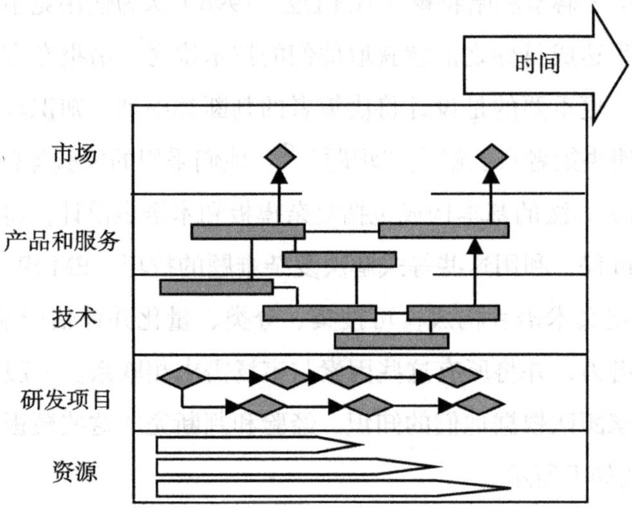

图 1-13 技术路线图的基本框架

四、竞争情报工作部门

（一）竞争情报工作部门的组织位置

竞争情报工作部门的组织位置，直接影响企业在战略和日常经营两方面的决策活动能否同时得到有效、直接的支持。因此，如何合理安排竞争情报工作

① 刘细文，柯春晓．技术路线图的应用研究及其对战略情报研究的启示［J］．图书情报工作，2007（6）：37-40.

部门在企业中的位置，以及与其他部门的关系，是学者和从业者广泛研究、讨论的问题。

康威・L. 拉克曼等人（2000）认为，竞争情报项目的组织位置很重要，这常常影响报告关系、预算和开展项目的类型①。而用户导向、从 CEO 开始的整个企业认可和有效的传播渠道，是任何一个竞争情报工作部门成功的重要因素。伊丽莎白・G. 达什曼（1998）通过对小型营销培训公司的调查，解释了为什么及如何建立内部竞争情报工作部门，以及内部竞争情报项目与外包相比的优点，并利用成本 / 收益分析法证明了定量原因②。经调查，他们发现最成功的竞争情报工作部门会直接向 CEO 或负责战略规划的管理团队报告工作。如果不建立竞争情报工作部门，随意地请一位雇员或一家外部供应商搜集信息，将不会得到全面、有用、及时的信息。因此，他们认为在所有行业，在本领域处于领先地位的企业都应设置一个得到高级管理层大力支持的内部竞争情报工作部门。肯尼思・A. 索克指出有三种力量推动企业情报部门合理定位的发展，即如何在战略与战术需求之间保持恰当的平衡、组织机构的分散化及重点情报问题的场所，这些都将对决定在何处设置情报系统具有较大影响，但最终的决定性因素则是进行决策的地方③。

（二）竞争情报工作部门的结构

为了增强竞争情报工作的效用，海伦・罗丝伯格（1997）在竞争情报系统中引入了负责“尾随”并学习有关竞争对手所有可能的东西的“影子团队”④。该团队尽可能地利用各种信息渠道学习一切与竞争对手相关的内容，并利用分

---

① Conway L. Lackman, Henneth Saban, John M. Lanasa. Organizing the Competitive Intelligence Function: A Benchmarking Study [J]. Competitive Intelligence Review, 2000, 11(1): 17-27.

② Lisabeth G. Dashman. The Value of In-House Competitive Intelligence Department: A Business Plan Approach [J]. Competitive Intelligence Review, 1998, 9(2): 10-16.

③ 杰里・P. 米勒 . 新千年情报：数字时代理解与实施竞争情报 [M]. 刘敏，卢平，张东，等译 . 北京：科技文献出版社，2004:44-55.

④ Helen N. Rothberg. Fortifying Competitive Intelligence Systems with Shadow Teams [J]. Competitive Intelligence Review, 1997, 8(2): 3-11.

析工具、团队动态和通信技术逐渐演变为拥有竞争能力和竞争对手分析技能的操作实体，具备像竞争对手那样思考、推理和反应的能力。这种“影子团队”因为深刻理解了竞争对手的管理思维，从而可以在需要时为管理者提供有关竞争对手行为的可操作的情报，有效辅助本企业管理人员规划进攻策略或防御竞争反应。

冯维扬（2002）依据动态联盟和虚拟组织理论，提出了面向任务的动态竞争情报组织结构模型[①]。他所提出的面向任务的动态竞争情报组织是指为了实现某一竞争情报活动目标，从企业内部员工和外部相关人员中有条件地选择一些具有收集、分析用户所需情报能力的人员，以最佳动态组合方式临时组成的一种比较紧密的竞争情报组织。其主要由专职竞争情报工作部门、动态情报收集小组、动态情报分析小组和竞争情报用户四部分构成。本书主要是从人力资源的角度考察竞争情报的组织结构，这种动态竞争情报组织在充分开发企业信息资源中具有很重要的价值。李晓鸿和赵冰峰（2005）建议在企业内建立以情报项目为中心的虚拟团队，以及跨企业的情报组织动态联盟[②]。

樊治平等（2006）从决策支持的角度给出了对竞争情报中心的分析和认识，并提出了竞争情报中心的总体框架和开发策略[③]。他们认为竞争情报中心是由竞争情报小组和计算机网络竞争情报系统组成的，是通过人机有机结合等多种方式支持企业决策者做出战略决策的广义竞争情报系统。该研究将竞争情报小组的地位提到了一个很高的位置，认为竞争情报小组不但比较熟悉决策者，而且可以随时召集或组织除竞争情报小组之外的有关专家进行开发和构建竞争情报中心的工作。这在当前由于竞争情报工作部门不受重视而无法有效开展情报工作的情况下，具有非常重要的意义。同时，该研究提出的计算机网络竞争情报系统无法替代竞争情报小组的“智力”支持的观点，值得人们反思。

谢新洲等（2002）通过归纳国内外企业的实践经验，将企业竞争情报系

① 冯维扬. 面向任务的动态竞争情报组织结构模型分析［J］. 情报学报，2002（4）：486-490.

② 李晓鸿，赵冰峰. 竞争情报组织中的虚拟团队和动态联盟［J］. 情报杂志，2005（10）：36-37.

③ 樊治平等. 面向决策支持的竞争情报中心框架研究［J］. 情报学报，2006（5）：613-619.

统分为分散式、集中式、重点式和独立式等几种运行模式①。董素音和蔡莉静（2007）认为，在传统的等级式企业组织结构中，竞争情报工作部门的组织形式有集中分散式、重点分布式、分散式、集中式、外包式五种；而在现代扁平化的企业组织结构中，竞争情报组织形式有总控协调分布式和虚拟团队式两种②。

在竞争市场中，企业的成败越来越依赖于对竞争活动的理解能力，并在某种意义上使自己的产品与众不同。为了获得更多的有关竞争对手的知识，越来越多的企业展开了竞争情报活动，利用合乎法律和道德规范的手段，搜集、分析并传播有关竞争环境、竞争对手能力与弱点以及竞争对手意图等信息。关于竞争情报理论的研究，笔者认为，企业为了在当前复杂动态的竞争环境中求得长期的生存和发展，应重视竞争情报机构的建设，将竞争情报工作部门置于一种战略高度；为了更好辅助管理者的决策活动，竞争情报工作人员应合理设计竞争情报工作过程；为了激发决策者和竞争团队的潜能与隐性知识，更好地挖掘竞争环境中的各种相关关系和弱信号，竞争情报工作需要引进一种新的运行机制——可视化竞争情报服务。

---

① 谢新洲等. 企业竞争情报系统的主要模式［J］. 图书情报工作，2002（11）：21-26.

② 董素音，蔡莉静. 竞争情报理论与方法［M］. 北京：海洋出版社，2007：60-70.

第二章

可视化竞争情报服务的引入

可视化竞争情报服务是将竞争情报的搜集过程、竞争情报工作产品，甚至是将竞争情报工作过程与决策过程进行融合，并以可视化的形式展现的一种竞争情报工作范式。为了使读者深刻理解、掌握可视化竞争情报服务运行的内在逻辑，本章对可视化竞争情报服务的运行基础、特征、目标、组成、功能及类型划分等进行讨论，并以此为基础构建可视化竞争情报服务运行的总体框架。

第一节 可视化竞争情报服务的运行基础

为了使读者更好地理解可视化竞争情报服务的工作内容，以利于其功效的充分发挥，本节从信息展示（知识可视化）角度、核心分析方法（战争游戏法）角度、团队合作（团体动力学）角度、辅助设施（人类工程学）角度这四个角度出发分析可视化竞争情报服务的运行基础。

一、知识可视化

（一）何谓知识可视化

知识可视化（Knowledge Visualization）是在科学计算可视化、数据可视化、信息可视化基础上发展起来的研究领域，其作用在于利用可视化表示手段，促进群体知识的传播和创新。这种可视化表示手段是组织和传播复杂知识的图解方法。马丁·爱普和雷莫·布克哈德（2004）提出知识可视化的目标除了事实信息的传播外，还有见解、经验、态度、价值观、期望、观点、看法和预测的传播，并在某种程度上帮助他人正确地重构、记忆和应用知识。他们认为知识可视化图解应具有如下特征：从内容上来说，它们不仅仅捕获（描述性的）事实或数据，更重要的是（说明性和预兆性的）见解、规律和联系；从形式来说，知识可视化通过间接交流引发阅览者的行动意识，并激励他完善图片。知识可视化的理论基础是帕维奥于1986年提出的双重编码理论，该理论的重要原则是：同时以视觉形式和语言形式呈现的信息能够增强记忆与识别效果①。

通过视觉信息进行知识传递具有六大优势：（1）激发人们学习知识的兴趣，（2）呈现新的观点，（3）拓展记忆功能，（4）支持学习过程，（5）吸引用户的注意力，（6）构造和协调交流方式②。知识可视化充分利用人脑对可视化模式快速识别的能力，促进知识快速、有效的传播。同时，这种视觉表示形式还孕育着强大的知识创新潜力，为组织在信息时代所面临的信息过载问题提供有效的解决方案。在协作的环境中，知识可视化可以提高知识在人与人、人与团队及团队与团队之间的传播速度，加速知识创新。这种知识不仅包括显性知识，还包括隐性知识。因此，知识可视化为知识管理、组织沟通和组织学习提供了新的方法与手段。

钱学森将情报定义为激活的知识，也就是说情报是经过传递交流的知识。因此，知识可视化的出现为情报的交流和传递提供了新的工具，为企业竞争情报工作的发展带来了新的契机。利用知识可视化工具规划、管理企业的情报库，可以提高竞争情报工作人员及决策者对竞争环境的观察能力和整体认知能力，有利于发现新的机会或威胁，从而提高决策的质量和效率。

---

① 赵国庆，黄荣怀，陆志坚．知识可视化的理论与方法［J］．开放教育研究，2005，11（1）：23-27.

② 周宁，陈勇跃，金大卫等．知识可视化与信息可视化比较研究［J］．情报理论与实践，2007，30（2）：178-181.

（二）知识可视化工具

周宁等（2007）认为知识可视化既可用计算机方法，也可用非计算机方法来实现，如建筑师、艺术家、设计员等就利用非计算机方法①。知识可视化工具主要有概念图（Concept Map）、思维导图（Mind Map）和认知地图（Cognitive Map）等。

概念图是康奈尔大学的诺瓦克（J. D. Novak）博士等（1984）根据奥苏伯尔（David P. Ausubel）的有意义学习理论提出的，他们认为概念图是用来组织和表示知识的工具②。这种方法利用概念与概念之间的关系表示关于某个主题的结构化知识。通常将某一主题的有关概念置于圆圈或方框之中作为节点，然后用带箭头的连线将相关节点连接起来，并在连线上标明两个概念之间的意义关系；概念则按照宽泛概念在上、具体概念在下的顺序展开，形成层次结构。因此，这种可视化方法不仅将知识的体系结构（概念及概念之间的关系）一目了然地表达出来，而且突出了知识体系的层次结构。

思维导图最初是由英国人托尼·博赞于20世纪60年代创造的一种笔记方法。他认为人的大脑是以非线性方式反应并产生新的思想。在酝酿新思想时，大脑首先集中在关键词和概念上，然后采用一种有利于保存的方式对其进行处理，将这些词和想法彼此联系起来，也将它们与过去的经验和新的、创造性的思维“火花”联系起来。头脑地图是对发散性思维的描述。

认知地图又被称为因果图（Causal Map），体现的是一个认知过程，是我们用于把握和理解周围世界的方法③。它以“想法”为节点，通过带箭头的连线将“想法”节点连接起来，连接线隐含的意思是“因果关系”或“导致”，且没有层次限制，而想法大多是句子或段落。认知地图主要用于帮助人们规划工作，促进小组的决策。

---

① 周宁，陈勇跃，金大卫等. 知识可视化与信息可视化比较研究［J］. 情报理论与实践，2007，30（2）：178-181.

② 赵国庆，黄荣怀，陆志坚. 知识可视化的理论与方法［J］. 开放教育研究，2005，11（1）：23-27.

③ 周宁，张芳芳，余肖生. 可视化技术在知识管理领域的发展［J］. 图书情报工作，2006，50（11）：68-71.

利用感知方式表达的信息最容易被人类理解。优秀的可视化技术，不仅使人们更容易感知信息，还可以感知更多的信息，可以使人们更好地理解复杂系统、发掘潜在信息、提高决策能力。在可视化竞争情报服务工作中，很少单独使用某一种知识可视化方法，而是将几种方法混合使用，可视化竞争情报服务的发挥性和创造性的特点决定了它的不拘一格。

（三）竞争情报的可视化机制

可视化有助于促进情报团队的理解，有助于决策支持。企业竞争情报工作是一项充满信息和人类思维的活动，从情报项目的规划到情报的搜集、分析和传播，每个环节都离不开人脑的分析和信息的流动。由于参与强度高，很容易造成大脑疲劳，并导致分析效率低下；由于充斥着大量信息，很容易出现信息过载现象。因此，通过有效的可视化途径将竞争情报项目的信息流程直观地展示出来，不仅可以解决信息过载现象，还可以更好地展示各要素之间的关联，从而优化分析者的思考路径，辅助人脑的分析工作。我们可以将托尼·博赞的思维导图和赤尾洋二的“质量功能拓展”（Quality Function Deployment，QFD）软件应用于可视化情报分析。

思维导图可以表达的几种竞争情报过程如下[①]：

（1）分析竞争对手采取行动的几种可能原因；

（2）检查竞争对手可能的方案及在每个方案下客户采取行动的范围；

（3）作为一种机制，用于规划竞争情报搜集操作；

（4）当决策者熟悉思维导图时，利用它作为传播情报的工具；

（5）将思维导图投影显示出来，可以促进群体开展“头脑风暴”。

QFD 则被用于定量与可视化地分析外部因素，其分析结构有助于对关键外部因素进行评估和给予优先位置。

而可视化竞争情报服务室不仅能够展示情报过程完整的思考程序和特定结

① 斯蒂芬·M. 沙克尔，马克·P. 吉姆比克依. 企业竞争情报作战室［M］. 王知津，李培，李德升，等译. 北京：人民邮电出版社，2005：117-140.

果的来龙去脉，还可以通过室内空间的四壁维度展现信息的多维性，辅助企业规划、管理和分析情报。图 2-1 为可视化竞争情报服务室中面向决策的可视化竞争情报项目示例，而图 2-2 则为可视化问题跟踪项目示例，它们分别体现了可视化竞争情报服务室对信息流程组织的时间性和维度性。

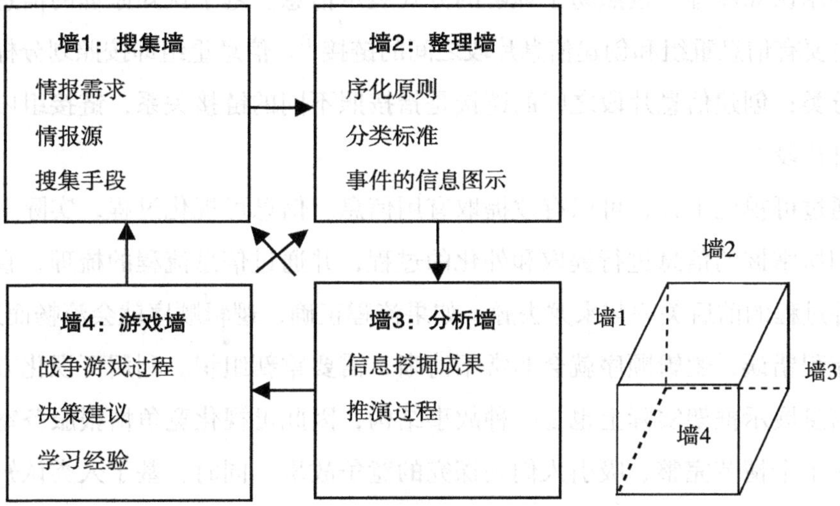

图 2-1　面向决策的可视化竞争情报项目示例

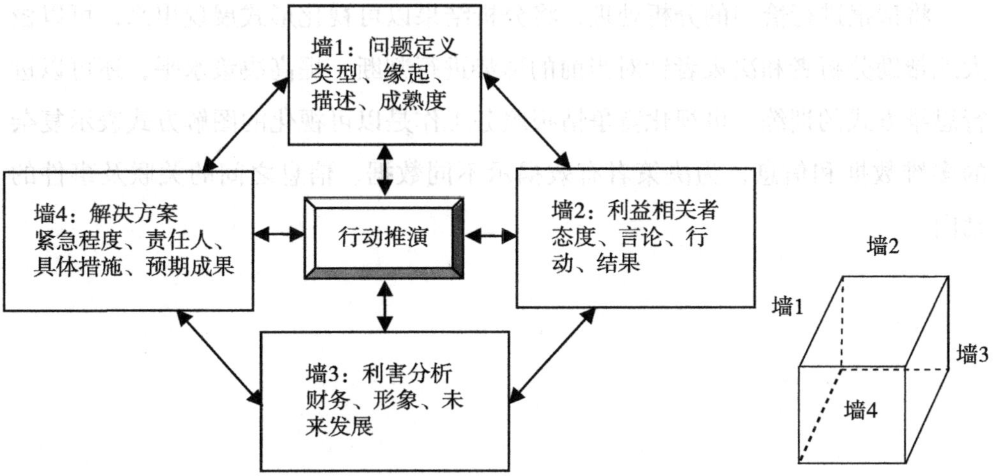

图 2-2　可视化问题跟踪项目示例

通过图、表、链接等可视化工具直观展示信息的逻辑流程，可以有效减轻人脑在信息分析中的负担，最大限度地拓展和利用人的智能。绘制信息流程图的依据通常有两种，一种是按照事件发生或项目开展的时间顺序链接信息，另一种是按照信息流的内在逻辑关系，如因果关系链接。可视化竞争情报服务室通常利用认知原理，按照易于理解的方式展示信息。基于认知原理的信息展示方法主要有信息重组和创建信息片段之间的链接①。信息重组即按照划分标准将信息分类；创建信息片段之间的链接是指按照不同的链接关系，链接组内和组间信息片段。

通过可视化工具，可以有效提取有用信息。信息可视化过程，实际上就是对人们所掌握的信息进行提取和外化的过程，并通过信息流程的梳理，直观展示事件过程的前后关联与来龙去脉。如果流程正确，逻辑顺序就会流畅而连续；如果流程错误，逻辑顺序就会非常不清晰，需要重新组织。利用可视化方法得到的信息展示框架实际上也是一种故事结构，因此可视化竞争情报服务室会呈现出一个个情节完整、吸引人们去探究的竞争故事。同时，基于人类认知原理的信息展示方法，有助于分析者和决策者将他们通过直觉意识到的东西表示出来，进而开展更深层次的挖掘分析。

将情报进行恰当的分析处理，将分析结果以可视化形式展现出来，可以极大地帮助分析者和决策者针对当前的形势进行判断，提高决策水平，还可以进行思维方式的训练。可视化竞争情报服务工作是以可视化的图解方式表示复杂的多维数据和信息，为决策者有效揭示不同数据、信息之间的关联及事件的动向。

---

① Sylvie Blanco, Marie-Laurence Caron-Fasan, Humbert Lesca. Developing Capabilities to Create Collective Intelligence within Organizations［J］. Journal of Competitive Intelligence and Management, 2003, 1(1): 80-92.

二、战争游戏法

战争游戏法源于战事研究，是为了学习而再次展现以前的战争场面，利用模拟战争来研究复杂多变的战争形势。这种方法由来已久，可以追溯到古希腊，甚至更早。它是一种动态的非线性规划方法，非常适用于可预测性较低的环境。1956年，美国管理协会（American Management Association）创立了一套商业管理游戏①。20世纪80年代中期，战争游戏法被引入企业管理，成为企业制定竞争战略、评估战略结果的有效工具之一②。

（一）战争游戏法的概念和功能

杰伊·库尔茨（2001）认为，商业战争游戏法是结构化的，有特定规则和易于实施的过程，它能够比其他方法更好地帮助组织理解所处的环境状况，使组织计划的制订和执行更有效率。吉姆·昂德伍德（2002）将战争游戏法作为组织的一种学习工具③，通过战争游戏法来学习，可以提升组织有效处理复杂性事务的能力，而这种学习最终也会转化为组织策略。采用这种方法，可以对组织的高级管理层进行系统思维培养。同时，战争游戏法也是一种用来处理不确定性和复杂性事务的工具。战争游戏法是一种非线性预测方法，它允许参与者"进入竞争对手的大脑"，并设法考虑竞争对手在面对不确定的情况时会做出的最有可能的反应。除了竞争对手很有可能的行动之外，参与者还可以识别需要监测的高风险环境。战争游戏法是为了适应商业环境从军事战争游戏法演化而

① Andrew Hale Feinstein etc. Charting the Experiential Territory(Clarifying Definitions and Uses of Computer Simulations, Games and Role Play)［J］. Journal of Management Development, 2002, 21 (10): 732-744.

② 曾忠禄. 情报制胜：如何搜集、分析和利用企业竞争情报［M］. 北京：企业管理出版社，1999：176-183.

③ Jim Underwood. Complexity and Paradox［M］. Oxford : United Kingdom Capstone Publishing Ltd., 2002: 35-97.

来的，它可以帮助一个企业制定战略性、可操作、战术化的计划及实施方案①。本·杰拉德（2004）指出②，战争游戏法是预测竞争者在变化的产业环境中的反应的最热门、最有效的管理工具之一，也是区分战略风险和机会最有效、最复杂的方式之一。战争游戏法不是一场战争，也不是一场游戏，只是从军事领域引进的概念，它使得管理者和分析家可以站在竞争者的角度、突破旧的思维框架来思考问题，这在极其动荡的环境中保持竞争优势是非常重要的。战争游戏法经常在一个组织的计划过程徘徊在十字路口时实施③。初始阶段，战争游戏法对于将有关市场、渠道、竞争对手等的数据和信息转换为将在随后计划中使用的情报非常有帮助。在制订了一项基本计划之后，战争游戏法可以用来监测计划，确保在任何时间或行动的现实组合中取胜。

（二）战争游戏法的类型

战争游戏法利用竞争模拟的形式，不仅可以预测竞争对手的行动，减少突发性事件，而且有利于提高管理层的竞争技巧和决策效率，评估决策质量，并统一企业内部对竞争环境和竞争形势的认识，从而增强团队的协作能力。同时，通过竞争模拟，还有助于企业深刻认识自身的优势和劣势，发现企业决策制定中存在的情报缺口。

战争游戏法的类型因目标和功能的不同而有所不同。吉姆·昂德伍德（1998）从混沌理论出发研究战争游戏法，分析了战争游戏法的规划工具和这些工具促成的两种类型④：前摄性战争游戏法和反应性战争游戏法。前摄性战争游戏法用来评价未来两到三年的战略选择，而反应性战争游戏则在发生意外事

① Jay Kurtz. Business Wargaming: Simulations Guide Crucial Strategy Decisions [J]. Strategy and Leadership, 2003, 31(6):12-21.

② Ben Gilad. Early Warning: Using Competitive Intelligence to Anticipate Market Shifts, Control Risk, and Create Powerful Strategies [M]. New York: NY AMACOM Books, 2004:88-107.

③ Jay Kurtz. Business Wargaming: Simulations Guide Crucial Strategy Decisions [J]. Strategy and Leadership, 2003, 31(6):12-21.

④ Jim Underwood. Perspectives on War Gaming [J]. Competitive Intelligence Review,1998,9(2):46-52.

件时采用。与此类似，本·杰拉德（2004）①认为，战争游戏法最有效的两种类型是竞争者反应战争游戏法和战略战争游戏法。在制定新产品引进、市场进入、合并/并购或引进新技术等重大决策时，企业可以使用竞争者反应战争游戏法。实施者的目标是寻找最佳路线，并为预期的竞争对手反应准备应急预案。这种游戏的前提假设是竞争对手会对企业的行动做出反应，除非这些行动对他们来说可以一笑置之。而为一个部门、业务单元或企业制定和测试全面战略选择时，可以使用战略战争游戏法。采用战略战争游戏法的目的是研究战略选择，而对具有不确定性领域进行详细调查则是其中必不可少的一步，最后得到的结果即是战略风险识别。

（三）战争游戏法的本质

传统的竞争情报分析方法往往根据过去的事实，利用线性思维推测将来的可能性，这种方法是一种静态分析方法。静态分析方法不能预测竞争对手或其他市场参与者面对变化时的变化，得出的结果往往无法适应未来变化莫测的竞争环境。可视化竞争情报服务中采用的主要方法为战争游戏法（见图 2-3），即根据搜集到的大量情报，以现实为基础，通过模拟跟踪各种竞争因素的变化，动态演绎将来的竞争态势，从而形成对策。这种情报分析方法实质上就是一种动态商业环境的角色扮演过程。这种方法之所以有效，是因为它让参与者：（1）从现实体验到未来，（2）对竞争对手的思考方式形成深刻的认识，（3）了解可能发生的意外事件及意外事件发生时的处理方法。同时，通过这种方法，可以评价不同的战略选择，并选出成功可能性最高的一种战略。

① Ben Gilad. Early Warning: Using Competitive Intelligence to Anticipate Market Shifts, Control Risk, and Create Powerful Strategies［M］. NewYork: NY AMACOM Books, 2004:88-107.

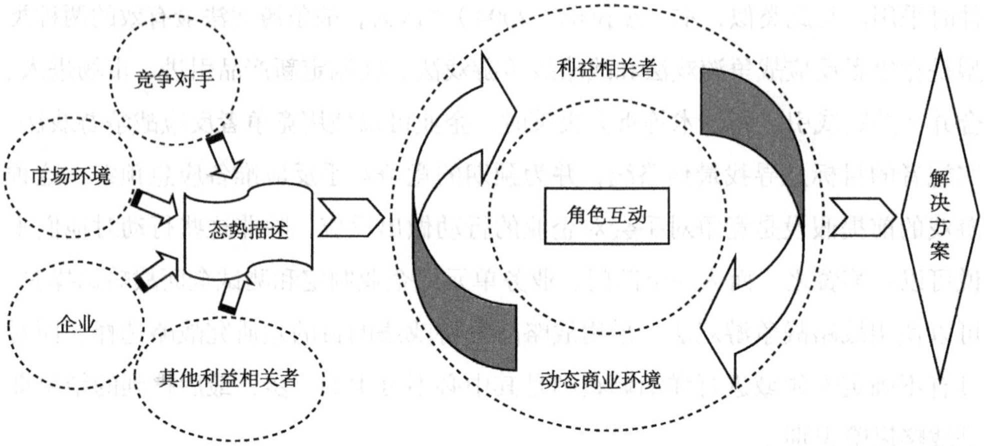

图 2-3 可视化竞争情报服务室采用的主要方法——战争游戏法

战争游戏法通过角色扮演对现实竞争环境进行动态模拟，可以为企业管理者显现竞争问题或事件的不同演进路径，以及各种可选择的控制方案。但将战争游戏法成功地运用到企业的现实竞争中需要克服以下关键问题。

（1）识别竞争问题的特殊本质。每种竞争问题都是非常特殊的，并在不同程度上，通过不同的关联，涉及不同的竞争参与者。只有深刻理解了该问题的本质才能开展完全符合该竞争问题的战争游戏。

（2）尽量选择具有丰富竞争经验的参与者。战争游戏法对参与人员的竞争背景知识、管理知识、竞争技能、换位思考以及快速反应能力等都有很高的要求。因此，企业应选择具有丰富的竞争经验，且经过战争游戏培训并对游戏事件有成熟看法的人员参与。

（3）识别竞争参与者之间特有的差异。竞争参与者因具有不同的管理风格、资源、市场定位及竞争历史等，往往具有高度个性化的竞争行为。运用战争游戏法时，不能仅仅分析一般的竞争行为，而应深入剖析各竞争参与者的个性特征，辨析他们之间的差异，进而得出有针对性的趋势预测。

（4）获取有价值的数据、信息。大量有关竞争者特性和行为的数据、信息通常可以从档案与公开文献中获得，有些则需要通过人际网络获取。虽然充分的信息准备对战争游戏的顺利开展非常重要，但仍需要注意信息的甄别与筛选，避免失真信息的误导。

（5）识别并发活动。竞争参与者的竞争行为并不是依序顺次发生的，而是在不同的地方同时进行的。这些并发活动共同决定了竞争环境的变化趋势。因此，在战争游戏开展过程中，要尽可能地识别各种并发活动，以全面、综合地分析竞争问题的发展变化情况。

（6）识别特殊的约束条件。由于竞争活动受到包括文化背景、个性特征、竞争各方的相互牵制等的影响，竞争参与者的行为可能会受一些特殊条件的限制。识别这些特殊的限制条件，对竞争问题的解决有着非常重要的意义。

（7）游戏评估。评估游戏的当前状态是非常困难的。这一方面是因为不可能完全了解现实中其他各方的状况，另一方面要对游戏当前状态的价值进行量化几乎是不可能的。战争游戏法的效用评估，只有在将游戏中得出的战略、战术方案付诸企业实践之后才能进行。

三、团体动力学

（一）团体动力学的概念

德裔著名心理学家库尔特·勒温（Kurt Lewin）在1939年发表的《社会空间实验》一文中，首次使用了“团体动力学”概念，用以研究团体如何形成和发展，以及团体成员在团体内的一切互动历程与行为现象。勒温认为，个体的行为是个性特征和场（指环境的影响）相互作用的结果，而且团体内人与人之间存在相互影响、相互渗透的交互关系。团体动力学利用场理论对团体中各种潜在动力的交互作用、团体对个体行为的影响、团体成员间的关系等进行了本质性的探索。团体动力学是针对小型且必须面对面互动的团体开展的一种研究。

申荷永（1990）从历史的角度反观团体动力学，认为它本身具有三个方面的意义[①]：（1）属于一种意识形态，即是一种关于团体应如何组织和管理的方法与态度；（2）可归之于一种管理技术，如角色扮演、团体过程中的观察和反馈等；（3）一种对团体本质的研究，旨在探索团体发展的规律，团体的内在动力，团体与个体、与其他团体以及与整个社会的关系等。

默里·霍维兹（1953）分析了作为一个社会系统的团体的一些概念，如团体目标（Group Goals）、团体行动（Group Activities）、团体结构（Group Structures）等[②]。其中，团体结构又包括职能角色结构（Structure of Functional Roles）、交流结构（Communication Structure）、权力结构（Power Structure）、社会计量结构（Sociometric Structure）、团体标准（Group Standards）、团体凝聚性（Group Cohesiveness）。从个体的立场出发，团体就是一群个体共同协作，组成一个整体。默里·霍维兹从动机（Motivation）、认知（Cognition）和胜任力（Adequacy）三个方面对作为个体环境的团队进行研究。

（二）团体动力学在可视化竞争情报服务中的应用

可视化竞争情报服务团队成员聚集在一起实施工作方案，这些参与者的思想在不断地相互冲突、促进和融合的过程中逐渐趋于一致，并最终形成一个统一的解决方案。为了实现团队的力量大于各团队成员力量的简单加和，可视化竞争情报服务团队根据团体动力学理论开发团队的能量，辅助团队获得最好的成果。团体动力学在可视化竞争情报服务的成功运行中可以发挥以下作用。

1. 优化情报团队结构

团队是可视化竞争情报服务活动的主体，在活动中起主导作用。一个优秀的团队是竞争情报工作成功开展的前提，因此需要设计合理的团队结构，使团队成员的知识、技能、经验等得到最大程度的契合。合理的团队结构，不仅需要整个团队的知识、技能结构达到最优，还需要考察团队成员的认知模式、思

---

① 申荷永．团体动力学的理论与方法［J］．南京师大学报（社会科学版），1990（1）：101-105.

② Murray Horwitz. The Conceptual Status of Group Dynamics［J］. Review of Educational Research, 1953, 23(4): 309-328.

维模式、沟通风格等是否相互融合。根据团队的多样性，我们可以将团队分为同质性团队和异质性团队两种。同质性团队由具有共同技术专业知识、人口统计特征（年龄、性别）、种族、经验或价值观的成员组成，而异质性团队则包括具有不同个性和背景的成员[①]。其中，同质性团队人际关系更好且冲突较少，适用于需要高度合作与协调的任务；而异质性团队具有更广泛的知识基础，适用于解决复杂问题和需要创新方法的问题。

由于竞争情报工作既有像紧急事件响应这样的需要同质性团队解决的问题，也有需要利用头脑风暴法发挥异质性团队发散思维的任务，因此竞争情报团队应具有混合特质和动态特质。混合特质是指竞争情报团队需要适当协调同质性成员和异质性成员的比例；而动态特质则是指根据问题需要，竞争情报工作需要随时从组织其他部门中调用相关人员。

2. 协调竞争情报活动

团体动力学有关团体形成、发展和互动的理论有助于管理者分析、评价并改进竞争情报活动。通过对人们的沟通方式及他们在团体活动和决策制定中扮演的角色的分析，管理者可以更好地协调团体关系，及时减弱或消除阻碍活动进展的因素所造成的影响。人们聚集在一起形成一个共同工作的团队需要经历形成期、动荡期、规范期、执行期和中止期五个阶段[②]。在形成期阶段，团队第一次集合并确定使命；在动荡期阶段，人们开始竞争团队角色并产生冲突；在规范期阶段，人们开始关注团队目标并像一个团队那样一起工作；在执行期阶段，团队生产力最高并开始产生成果；在中止期阶段，团队解散并为团队提供总结成功和失败经验的机会。管理者必须善于利用团体动力学理论，观察团队活动的进展情况，及时化解团队冲突，避免不必要的冲突而浪费时间和资源，最终获得团队产出的最大化。

为了体现竞争情报工作高效率、快节奏、快速反应等特点，各项任务、活

① 史蒂文·L. 麦克沙恩，玛丽·安·冯·格里诺. 组织行为学［M］. 井润田，王冰洁，赵卫东，译. 3 版. 北京：机械工业出版社，2007：191.

② Marlanda English. Reasearch Starter Business: Group Dynamics［M］. New York : Great Neck Publishing, 2008:1-6.

动必须紧密地衔接配合，保证各团队成员的能力得到充分、无障碍的发挥。这就需要尽可能地避免可视化竞争情报工作开展过程中的阻碍因素，使竞争情报活动得到最大程度的协调。

3. 可视化竞争情报服务团队的学习

可视化竞争情报服务团队的学习方式有两种，一种是团体动力学培训，另一种是个性评估。对团队开展团体动力学理论培训，一方面可以让团队成员对团队有整体的理解，有助于他们对团队互动中的某些现象做出客观认识和评价，并对此做出适当的反应；另一方面可以让团队成员了解更多的沟通风格，掌握更多的沟通技巧，从而有利于他们在交流中相互调整、适应，进而提高沟通效率。个性评估是针对习惯、价值观、行为、兴趣与沟通风格等对团队成员的行为与风格开展的测试评价，可以采用问卷方式。这种评估可以促使团队成员重新审视自己，认识到自己的优势，以及需要改进的地方，从而有利于促进团队成员能力的提升。此外，由于个体在团队中会产生不同于在单独环境中的行为反应[①]，如果可视化竞争情报服务团队的领导者将成员各自的行为表现定期反馈给成员本人，也将有助于团队成员更好地完成工作。

可视化竞争情报服务团队的学习不仅有利于团队成员的个人改进，更重要的是通过协调团队成员行动和沟通风格，可以使活动各环节的运行更加顺畅，最终提升整个团队的能力水平。当然，为了实现团队学习的目标，团队成员需要具备虚心、努力的品格特征，并充满激情。

根据团体动力学理论选拔可视化竞争情报服务团队成员，有利于平衡团队结构；以团体动力学指导可视化竞争情报服务团队的行为过程，可以获得最佳的群体之力，更有效地挖掘团队的潜能；而以团体动力学为蓝本的可视化竞争情报服务团队的学习，则可以增强团队成员的适应性和自信，进而加速可视化竞争情报工作开展进程。

① 刘惠琴. 高校团队创新绩效评估模型与实证研究［M］. 北京：清华大学出版社，2007：22.

四、人类工程学

（一）人类工程学的概念

人类工程学（Ergonomics）又称为人体工程学、人体工效学，是研究如何设计、布置工作环境，以适应人们工作中的生理和心理方面的需求。人类工程学首先被应用于军事领域，是在第二次世界大战后迅速发展并渗透到社会生活各个领域的一门学科。国际劳工组织对人类工程学下的定义是“应用人体生物科学、密切结合工程科学，以获得人体与最适劳动的相互关系，从而提高人体的效率与幸福感”。① 塔纳卡（2002）曾指出，办公室的布局既要做到使劳动者能够专注于自己的工作，又可以帮助那些从事“高相互影响”类型工作的劳动者沟通②。人类工程学可以根据人的体能结构、心理状态和活动需要等综合因素，利用科学的方法，合理设计室内空间和办公设施，达到使人在室内活动高效、安全和舒适的目的。人类工程学在办公室设计中的作用主要体现在以下几个方面：（1）为确定办公空间的范围提供依据，（2）为办公器材和设备的形状、尺寸及使用范围提供依据，（3）为确定感觉器官的适应能力提供依据等。按照人类工程学原理布置的办公环境，将人类智能和管理过程完美地整合起来。

（二）人类工程学在可视化竞争情报服务中的应用

可视化竞争情报服务的开展，是一个节奏高度紧张、注意力高度集中的过程，为了适度缓解参与者的压力，最大限度地调动参与者的积极性并发挥他们的才智，需要以人类工程学原理为依据，选择、安排可视化竞争情报服务的室

① 汪启林．人体工效学的发展与应用［J］．国外医学卫生学分册，1983（6）：338-342.

② Tanaka Ryohei. Future Workplace Design［J］. Displays, 2002(23): 41-48.

内工作环境和设备，从而使室内环境因素适应团队情报活动的需要。可视化竞争情报服务运行中的各种空间设计和办公设备应该适应人体的需求，在信息展示系统中安排的主题分布、色彩等方面需要更好地适应人的视觉和人脑的信息处理能力。

1. 空间设计和办公设备

可视化竞争情报服务室的空间大小需要视工作团队的人员数量而定，同时还要考虑后期邀请其他管理者巡视以提出建议想法的情况。信息展示装置的高度和大小需要以各种人体尺度作为依据与标准，否则会因给评阅者造成极大的不便而降低工作效率。人体尺度一般是反映人体活动所占有的三维空间，包括人体高度、宽度和胸廓前后径，以及各肢体活动时所占有的空间大小①。与可视化竞争情报服务室空间设计密切相关的几个人体尺度包括可视化竞争情报服务室的净高、人流通道的尺寸、信息展示的密度，以及信息展示系统的空间分割等。

在可视化竞争情报服务室中，我们会召开规划会议、监测情报项目及各自成果的状况，因此我们应在服务室的中央摆放一张会议桌。因为圆形会议桌利于讨论交流，所以服务室中应选择圆形或椭圆形会议桌。同时，所摆放的会议桌要有利于促使团队成员聚集在一起共同思考问题。室内提倡民主、自由思考以及头脑风暴，桌椅的安排也应体现这一点。座椅可以自由移动，可坐可卧，以使团队成员的身体达到最大程度的自由放松。

2. 主题分布

可视化竞争情报服务室墙壁上展示的内容应根据当期工作主题或方法特征所确定的标准来划分，而不能一成不变。事先可以根据信息流程建立一个模型，随着对问题认识的深入再进行模型修正或邀请专家审查。室内墙壁设计的目标是展现项目思考过程的前后关联，达到信息可视化的效果。

但需要注意的是，每面墙壁上的主题数目和每个主题下面的分主题数目不能超过六个。这与人脑的信息处理能力有关。我们的工作记忆是短期记忆。它

---

① 王齐霜. 人体工程学在展示设计中的应用论略［J］. 绵阳师范学院学报，2008，27（7）：122-124.

就像学校的黑板，可以在上面写下一个与决策有关的信息。但是短期记忆存储量小，只有约七个信息单元。我们可以保留七条不同的信息（约花费十分钟），但是保留十条信息就有困难。当有更多的信息单元存储时，最先进来的就会被"忘掉"。出于这种情况，每个主题展示的信息单元的数量应该限制在六个（保留一个存储槽，如保留对以前问题的讨论）。这让管理者在得出结论或做出决策之前能够从所有（六个）角度考虑问题。

3. 色彩系统

有关色彩的心理效应已经得到人们的认可，不同的色彩对人的生理甚至心理有不同的影响效果。颜色会影响人们的情绪和注意力。有效地控制颜色的影响，有助于减轻工作人员的疲劳程度，保护其视觉功能，提高其辨别事物的速度；有助于给工作人员带来良好的感受，帮助他们建立与工作相适应的情绪，减少工作中的差错，提高工作效率。色彩的不协调容易给人造成压抑的感觉，从而影响工作效率。可视化竞争情报服务室是为了以更利于人们思考的方式展示信息流而构建的场所，因此室内的颜色搭配非常重要。

在可视化竞争情报服务室中，可以利用交通信号灯的"红、黄、绿"三种颜色表示某种状态：红灯表示"警报 / 必须的行动"，绿灯表示"暂时良好 / 可以忽略"，黄灯表示"提醒 / 注意"。当然，为了区分、突出主题，也可以将墙壁或不同的版块设计成不同的颜色。

特殊的格局、色彩、气氛，不仅有利于充分调动团队成员思维的活跃性，辅助团队成员潜力的发挥，还为可视化竞争情报服务室增添了一种神秘色彩，让团队成员意识到所肩负的重大责任。

知识可视化、战争游戏法、团体动力学及人类工程学共同构成了可视化竞争情报服务室研究的四大理论基石，如图 2-4 所示。这四种理论是可视化竞争情报服务室运行的基本依据，可视化竞争情报服务室则是企业可视化竞争情报服务工作中的一种创新，为可视化竞争情报服务工作营造了新的发展契机。

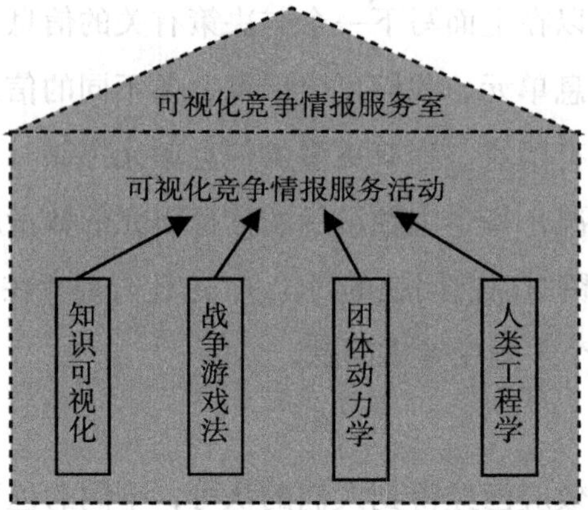

图 2-4　可视化竞争情报服务室的理论基石

第二节　可视化竞争情报服务的特征与目标

可视化竞争情报服务的开展必须以一种物理或虚拟空间为依托，组织参与者聚会、讨论、交流和决策等，帮助管理者系统了解竞争情报过程和竞争生态系统演进过程。在可视化竞争情报服务室内，信息以可视化形式展现，即以利于决策者观察、思考的方式提供满足管理需求的（关注某项决策问题）可视化信息，方便人们的利用，解决信息过载而情报缺乏的问题。这种情报室是一种优化决策过程的工具，有利于管理者随时挖掘、发现弱信号，为赢得商战的胜利提供竞争情报、安全保护和决策支持功能。可视化竞争情报服务室中有大量描述复杂项目或事件的可视化信息，并展示了完整的信息逻辑流程，这有利于团队成员从整体上把握该项目或事件的发展过程，并进行实时跟踪和监控，有利于实施以战争游戏法为核心的情报分析方法，从而辅助企业战略战术决策的制定。

一、可视化竞争情报服务的特征

可视化竞争情报服务是一种升级的情报服务工作，它所能够胜任的角色是一般的情报服务无法比拟的。具体来说，可视化竞争情报服务具有以下四种功能。

第一，情报中心。可视化竞争情报服务室是一个竞争信息的中心库[①]，所有关于竞争的信息都汇聚到这里。在这里，我们可以访问所有的数据库，可以获得各种调查信息。可视化竞争情报服务室是情报活动的中心。可视化竞争情报服务室的出现为组织传递了关于高层管理者非常重视情报部门的明确信息。

第二，知识管理工具。可视化竞争情报服务室是一种可视化知识库。它提供的可视化环境，有利于人们将复杂问题理解得更透彻，有利于数据的消化和对数据之间复杂关系的理解。可视化竞争情报服务室提供了一个有利于团队成员高度互动的环境，有利于团队将复杂问题和信息过程分解为易于理解的各个部分，有利于促进团队成员间的知识共享和知识创新。

第三，决策中心。可视化竞争情报服务室为团队决策提供了最好的工具和场所，它以系统、可视化、易理解的信息展示方式提供问题或事件的发生、发展过程及团队的知识发现，为决策团队提供一个共同的交流框架，提高合作的有效性，优化决策者的分析、决策过程。

第四，指挥中心。管理者在可视化竞争情报服务室中根据情报商讨解决问题的办法、对策，协调各部门在某一事件中的行动，部署资源在各个环节上的配置。这个情报室是管理者运筹帷幄的场所，在这里他们可以密切关注事件发展态势并及时做出反应。

可视化竞争情报服务室将这几种角色融为一体，真正成为企业感知和应对内部异常与外界刺激的神经中枢。这种神经中枢具有如下特征。

（1）可视化。可视化是可视化竞争情报服务的基本工作原理之一，也是其

① Jim Underwood. Competitive Intelligence［M］. Oxford : United Kingdom Capstone Publishing Ltd., 2002: 101-102.

首要特征。与单纯叙述的方式相比，可视化能提供对问题更深层次的理解。它根据人类的视觉功能和人脑信息处理能力，以多维、多形式的信息展示方式，从不同的思维视角刺激人脑的信息分析、组合功能，辅助人脑对关联信息的发掘。同时，可视化也是人们通过分析形成对问题的理解、认识、观点、看法等有效的判断及推理手段，有助于团队成员之间的知识共享和共同决策。

（2）全局性。可视化竞争情报服务的一个显著特点是可以将重要计划或项目的完整思考过程展示在一个框架内，能够把大量描述一个复杂问题或事件的数据集合链接起来，展示整个问题或事件的来龙去脉。这种全局性，不仅有利于分析者和决策者对事物总体的把握，还有利于决策者对企业竞争的统筹规划，避免“盲人摸象”式的失误。

（3）系统性。可视化竞争情报服务的系统性主要体现在它的整体性、结构性和层次性上。可视化竞争情报服务的各种要素，如人员、设备、方法等相互联系、相互作用、协同一体，实现各要素功能的协同发挥。可视化竞争情报服务利用结构化的方法组织信息、提取知识，促进信息、知识的共享和有效利用，并以逐层递进的方式最大限度地挖掘事物的本质。可视化竞争情报服务的系统性表明它不受因果律的严格限制，投入与产出没有严格的必然联系，系统各要素之间的有机联系对其效能的发挥有决定性影响。

（4）动态性。可视化竞争情报服务的动态性主要表现为所展示信息的动态性。企业竞争激烈多变，可视化竞争情报服务室为了随时向管理决策者提供最新的竞争信息，必须持续跟踪、监测竞争态势的变化，并始终保持信息展示内容能够反映当前的竞争状态。

（5）战略性。对于企业来说，可视化竞争情报服务室具有战略价值和地位。它提供影响组织发展和竞争取胜的战略、战术性信息。在此，团队成员深入了解竞争生态系统的演进过程与发展趋势，监测各利益相关者的竞争轨迹与未来动向，挖掘各竞争要素之间的潜在联系，向战略决策者提供全景视图和竞争透视信息。可以说，可视化竞争情报服务室是企业战略决策的千里眼、顺风耳、预警器和领航标。

二、可视化竞争情报服务的目标

可视化竞争情报服务的目标是一个由使命、总体目标及分目标形成的体系，可以采用倒树形结构来表示，如图 2-5 所示。可视化竞争情报服务的使命是根本，总体目标是使命的具体化。企业可以总体目标为主导，将其拓展为若干具有保证性作用的分目标。

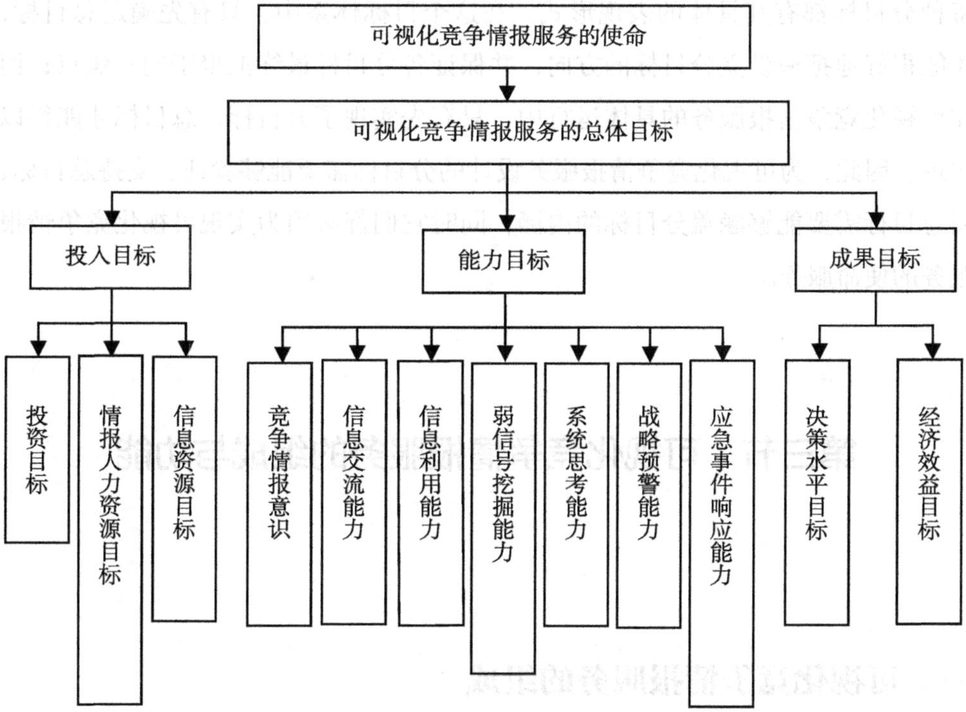

图 2-5　可视化竞争情报服务的目标

对可视化竞争情报服务使命的描述应能最大限度地概括企业的情报文化，深刻地表达它与普通竞争情报服务的差别，以及它能够为企业产生的（普通竞争情报服务所无法产生的）效能，并树立起可视化竞争情报服务在企业中的形象。使命描述要能反映可视化竞争情报服务是什么、在做什么、为企业提供什么。一般来说，可视化竞争情报服务应该以为企业决策、问题发现提供最有利于观察、合作的环境与方法，使竞争情报过程与决策过程达到完美结合为使命。

使命描述比较抽象，需要用目标的形式具体化、明确化。可视化竞争情报服务的总目标是通过将竞争环境的不确定性消除到合理程度，有效地辅助战略决策和战术行动，进而提升企业的竞争力，包括竞争地位的提高、市场份额的扩大、经营业绩的增长等。可视化竞争情报服务的分目标是为了实现总目标而对其进行的进一步分解和具体化，主要包括投入目标、能力目标和成果目标三部分，其中投入目标是实现总目标的保障，能力目标是手段，成果目标是成效，每种分目标都有其具体的表现形式。在这个目标体系中，只有先确定总目标，才能很好地把握设立分目标的方向，并保证各分目标最终汇聚于同一焦点；而在可视化竞争情报服务的具体运行中，只有先实现了分目标，总目标才能得以实现。因此，为可视化竞争情报服务设计的分目标需要能够验证、支持总目标，而总目标需要能够涵盖分目标的内涵，同时它们都必须为实现可视化竞争情报服务的使命服务。

第三节　可视化竞争情报服务的组成与功能

一、可视化竞争情报服务的组成

可视化竞争情报服务一般包括信息展示系统、信息、工具组合和团队这四个基本组成要素。

（一）信息展示系统

信息展示系统的载体可以是挂在墙上的地图、绘制的图表，也可以是电子显示屏。在简单的可视化竞争情报服务室中，房间的墙壁上是用来固定绘制图表的泡沫板或磁性板；而在比较高级的可视化竞争情报服务室中，则是黑光毛玻璃显示屏或其他可以投射计算机上形成的信息结构图的设备。通过这些显示技术，人们可以全面地看到有关竞争情报活动开展的各个方面的情况。

信息展示系统中的内容是从各方信息中提炼出的精华，是情报分析结果的可视化展示。步入可视化竞争情报服务室的人员通过信息展示系统能够统观全局，迅速掌握整个事件的发展态势。信息展示系统描绘事件的逻辑过程，跟踪项目的进展，有利于相关人员观察事件的发展趋势并提出对策。

信息展示系统的设计是以便于人们的信息吸收和处理为出发点的，因此需要注意信息展示结构和色码系统的安排。信息展示结构是指墙壁的板块划分以及所展示信息的分类、链接等组织形式和结构的安排；色码系统是为了突出、划分某些信息，并对人脑产生某种积极刺激而进行的色彩搭配。

（二）信息

信息是可视化竞争情报服务最基础的元素，可视化竞争情报服务室是整个组织的信息中心，可视化竞争情报服务的价值在于解决组织的信息问题，使情报的搜集、分析和利用系统化。这些信息包括企业自身、竞争对手、客户、供应商的相关信息，以及政府政策等所有影响竞争问题的相关内容。置身于可视化竞争情报服务室，就仿佛步入了一个大型数据库。可视化竞争情报服务中的信息具有密度高、维度多等特点。

信息是可视化竞争情报服务中的重要资源，我们必须确保信息可靠、准确，并得到合理利用。为了提高团队的工作效率及信息的有效性和利用率，在项目开展过程中，可视化竞争情报服务室提供的信息应满足以下条件[①]：（1）可视化竞争情报服务参与人员可以获得与该项目有关的所有信息，（2）只为团队成员提供与该项目有关的信息，（3）信息得到合理组织，以便团队成员及时掌握最

① Bob Roberts. A Framework for Situation Room Analysis and Exploration of Its Application Potential in the Information Technologies Market［J］. Management Decision, 2004, 42(7): 882-891.

相关的信息。

（三）工具组合

工具组合是将信息搜集、分析、决策支持等工具配置整合而成的最优工具套件。这种工具套件可以实现信息在不同软件工具之间自由流动。将信息技术和工具融入情报搜集、整理、分析、传播和决策领域，能够在很大程度上提高可视化竞争情报服务的效率。可视化竞争情报服务可以采用的工具包括数据挖掘、信息检索、信息可视化、决策建模、数据存储与链接等软件工具。

（四）团队

团队是可视化竞争情报服务的主导因素。他们借助工具组合和各种情报分析方法搜集、汇总、分析来自各情报源的信息，并利用信息展示系统可视化信息，辅助决策的制定。通常来说，一个完整的可视化竞争情报服务团队至少应包括以下成员。

（1）领导者：由管理层委派，全程（1个月、2个月甚至是3个月）监控整个项目。他具备项目经理的素质，但却没有典型的项目经理的心理或职业特征。

（2）情报收集员：主要负责搜集相关主题可能产生情报价值的一切信息。情报收集员不一定是技术方面的专家，但他们对信息高度敏感。

（3）情报分析师：是主题领域方面的专家。他们具有主题领域丰富的专业知识，可以根据情报内容进行分析，得到对企业制定战略或战术有用的结论。

（4）信息技术专家：将数据库与辅助数据搜集和处理的软件整合，使得情报分析师能够将更多的精力放在数据整合和分析上。信息技术专家负责配置数据搜集、处理和格式化工具，整合一般的情报分析师不会使用的有效工具，并通过分析与信息技术的反复互动形成最优工具组合。

（5）竞争情报专家：熟悉可视化竞争情报服务的运行机制，精通方法，能利用其经验指导可视化竞争情报服务的布局、设计和实施①。同时他还要能够辨识、感知和观察何时结束竞争，并解决由于缺乏理解而陷入的困境，提出可供选择的办法，把握好方向，以确保项目能持续下去。

此外，可视化竞争情报服务中还有一个动态团队——战争游戏团队，是在实施战争游戏法时临时组建的，负责在战争游戏中扮演不同的利益相关者，如竞争对手、客户、供应商及其他组织的角色小组成员。角色小组成员可以从企业不同部门中挑选具有相关背景知识的人员，战争游戏结束后，他们回到各自的部门。因为目的和内容的变化，每次战争游戏所需要的成员是不同的。

虽然可视化竞争情报服务室有各种软硬件及工具组合的强有力支持，但人的因素在信息分析和战略决策制定过程中永远占主导地位。优秀的团队是可视化竞争情报服务成功实施的必要保障，团队合作对可视化竞争情报服务功效的充分发挥至关重要。

可视化竞争情报服务团队将通过人际网络或信息搜集工具获得的信息，利用人工以及信息分析工具进行处理，利用信息展示系统显现相关问题的信息逻辑流程，并输出可视化的决策、预测、形势报告等情报分析成果。可视化竞争情报服务组成要素框架如图 2-6 所示。

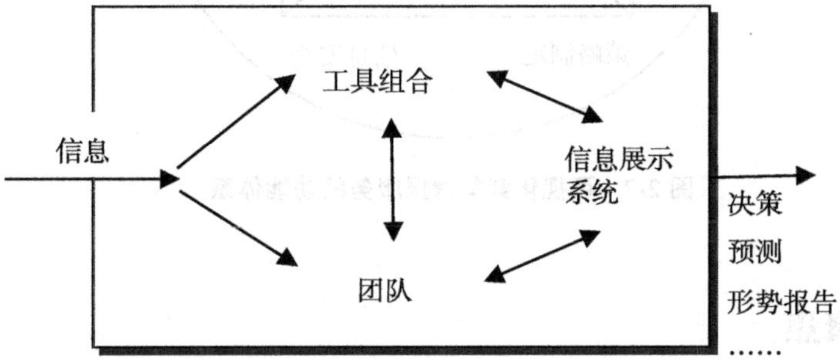

图 2-6　可视化竞争情报服务组成要素框架

① Jacqueline Sala. War Room-method and commonsense [J]. Veille Magazine, 2001 (10) .

二、可视化竞争情报服务的功能

环境监视、市场预警、对手分析、技术跟踪、策略制定和信息安全是目前普遍认同的企业竞争情报所具备的六大功能。可视化竞争情报服务室是一种新的竞争情报工作运行模式，因此竞争情报的六大功能是可视化竞争情报服务必须具备的基本功能。为了更好地实现、支持这六大功能，可视化竞争情报服务还需要具备以下四种重要的功能。可视化竞争情报服务的功能体系如图 2-7 所示。

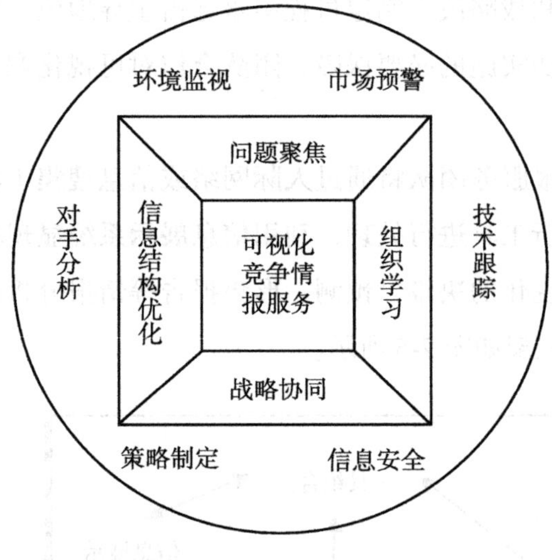

图 2-7 可视化竞争情报服务的功能体系

（一）问题聚焦

可视化竞争情报服务的问题聚焦功能主要有三层含义。第一，可视化竞争情报服务始终保持警戒状态，严密监测竞争态势，探察可能影响企业经营、发展的问题或事件，实现预警功能。第二，当出现竞争问题或事件时，可视化竞争情报服务将所有的人力、物力都集中于问题的分析、解决及后续跟进，同时将企业相关人员的注意力集中到可视化竞争情报服务室，与服务团队共同研究、验证问题解决方案。第三，当遇到问题时，管理者首先想到的是进入可视化竞争情报服务室寻求情报支持。

可视化竞争情报服务所实现的可视化信息流程，有利于跟踪监测与企业竞争有关的问题或事件的发生和发展趋势，为竞争分析和决策制定提供依据。而且，可视化竞争情报服务通过对竞争环境扫描和监测的可视化，也很容易发现问题或事件的端倪，即弱信号，有利于企业及时采取应对措施。可视化竞争情报服务室是企业的情报中心和分析中心，管理者在这里可以获得所有他想得到的与问题有关的信息。但这种聚焦的实现，需要可视化竞争情报服务室通过自己的行动和成就得到管理者的认可，使他们在需要情报支持时首先能够想到可视化竞争情报服务，而不是浪费时间和精力自行搜集。

（二）信息结构优化

信息结构优化通过可视化竞争情报服务室内的信息展示系统实现，主要涉及流畅的信息逻辑链条、醒目的色码系统及其他一些有意义的编码。通过这种可视化信息结构可以展示一个问题或事件的完整过程以及不同的逻辑视角。信息展示系统的可视化信息结构可以辅助人脑的信息处理和分析工作，减轻人脑的负担，拓展人脑智能，使管理者能够始终以充沛的精力面对问题，从而提高分析问题的效率。同时，这种可视化信息结构能够将信息之间的弱联系显现化，帮助分析者和决策者快速、有效地识别变化的弱信号，监测威胁或机会。更重要的是，这种信息结构能够促进参与者之间的结构性对话，加快信息交流的速度，提高知识共享的程度。

需要注意的是，为了实现信息结构的优化，可视化竞争情报服务需要先统一术语，规范数据格式，以利于管理者之间的沟通和交流。不论是实现数据库之间，还是实现人与人之间信息的无障碍流动，都必须对信息进行规范化处理，形成共同语言。共同语言是沟通和交流的前提，否则就只能是自说自话。可视化竞争情报服务在为管理者提供面对面交流、分析问题的共同场所的同时，也为管理者提供了一套通用的信息和分析术语，从而提高管理者之间交流、沟通的效率。

（三）组织学习

可视化竞争情报服务过程是一个动态的知识积累过程，并展示着知识积累的轨迹，每一个情报项目结束之后，都会留下丰厚的知识积淀。通过在可视化竞争情报服务室中学习、总结并融合先前活动的经验，管理者可以有针对性地寻找自身能力的不足和缺陷并加以弥补，寻找企业在经营与竞争中的差距并迎头赶上。同时，可视化竞争情报服务组织的战争游戏，通过模拟演练，让参与者体验到未来竞争的可能路径，并使参与者提前为将要发生的可能事件制定应对措施。可视化竞争情报服务室可以为战争游戏的开展提供各种保障，从而提高战争游戏的效率和效果。可视化竞争情报服务室根据人类工程学设计、布置的空间，为战争游戏的开展提供了最佳的场地保障，并为战争游戏提供脚本资料及根据环境监测得到的最新信息，从而为战争游戏的顺利开展提供了信息保障；同时由于汇集了企业中经验最丰富、情报技能最高的人员，因此可以为战争游戏的顺利开展提供方法保障。此外，可视化竞争情报服务室应拥有调配企业各部门情报工作的权力，从而可以比较方便地从各部门调用相关人员参与战争游戏，为战争游戏的顺利开展提供人员保障。可视化竞争情报服务所提供的经验以及对虚拟未来的学习，都可以帮助参与者在面临突发事件时做出最好的选择，在瞬息万变的竞争环境中获胜。

（四）战略协同

可视化竞争情报服务的战略协同不仅是指为了辅助战略规划和竞争问题的解决，其内部各要素协同合作，而且是指企业其他各部门对可视化竞争情报服务工作的支持与积极参与。可视化竞争情报服务是一项跨职能部门的活动，需要具备各方面经验、知识、技能的人员共同合作，尤其是战争游戏的开展，更需要调动各部门具有相关背景和知识的人员参与。同时，可视化竞争情报服务的信息输入，仅仅依靠本团队的信息搜集是远远不够的。要实现对竞争环境的全方位监控，需要企业各部门的积极配合，需要强化企业各部门管理者和员工的情报意识，激励他们积极主动地提供竞争信息。可视化竞争情报服务需要统筹规划企业的情报工作，努力在企业范围内构建情报工作网络，以保证各部门在日常工作时能够及时汇总情报。一方面，可视化竞争情报服务的工作成果为整个企业的经营和竞争决策服务，为企业的管理问题提供解决方案，为企业各部门的员工提供行动指南；另一方面，为了推动可视化竞争情报服务的顺利开展，增强可视化竞争情报服务的效能，企业各部门员工需要积极主动地协助可视化竞争情报服务工作的开展。

此外，可视化竞争情报服务的战略协同还包括向合作企业提供竞争情报支援。向合作企业提供竞争情报支援是指，为了实现合作利益最大化，拥有信息优势的企业在不危害自身利益的情况下，对与自己存在合作关系的互惠型企业有选择地提供竞争情报援助的活动。向合作企业提供竞争情报支援，可以向各种合作活动分享信息，从而提高合作企业对外界的感知能力，最终实现与本企业相一致的竞争行为，增强合作活动的协同效应。可视化竞争情报服务向合作企业提供竞争情报支援需要以信息安全、诚信以及互惠为原则，合理安排竞争情报支援内容，监督竞争情报支援效果。

第四节 可视化竞争情报服务的运行框架

可视化竞争情报服务是一种复杂的问题解决系统。其虽然在细节方面具有独特的运行风格和逻辑，但在总体上仍遵循一般系统的运行原则和规律。因此，按照一般系统产生和发展的条件与机制，我们可从运行准备、运行过程、运行控制和运行保障四个方面，构建可视化竞争情报服务的运行框架，如图 2-8 所示。

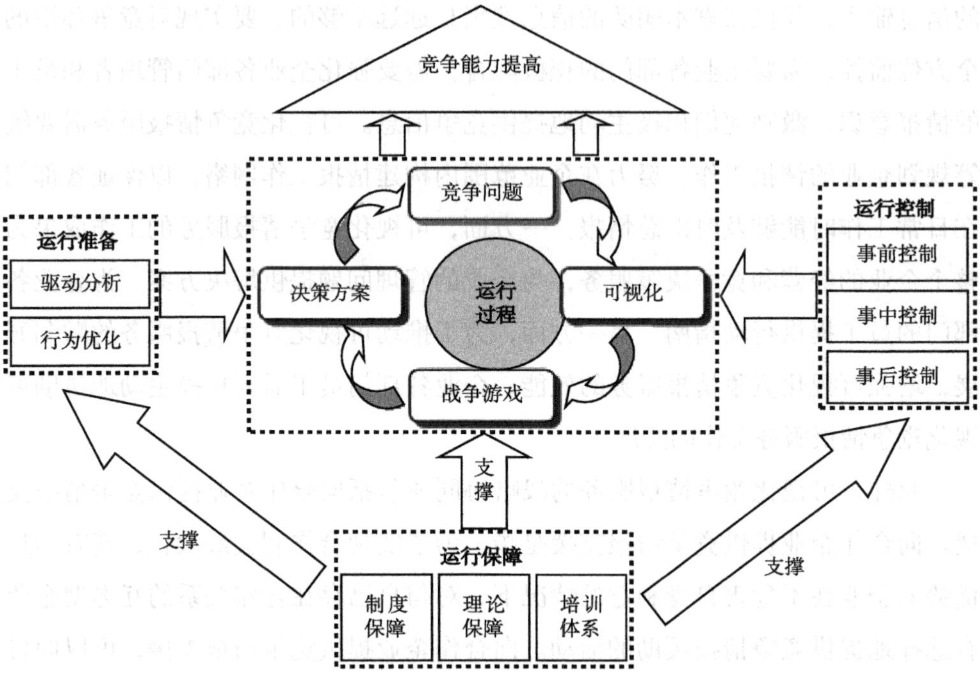

图 2-8　可视化竞争情报服务的运行框架

运行准备是开展可视化竞争情报服务工作的第一步，也是非常关键的一步。为了保证可视化竞争情报服务工作顺利进行，最终实现预期目标，就需要做好充分的前期准备工作。可视化竞争情报服务的运行准备工作主要包括促使企业选择可视化竞争情报服务这一竞争情报工作范式的内外部因素，以及运行可视化竞争情报服务需要开展的资源准备与行为优化等活动。本书将在第三章详细讨论如何合理、有序地开展可视化竞争情报服务的运行准备工作。

运行过程是可视化竞争情报服务运行的主体过程，也是解决竞争问题的核心过程，体现了竞争问题从孕育或出现到最终解决的生命过程。可视化竞争情报服务的运行过程，从概念模型到具体操作，也是人们对竞争问题从模糊到清晰的认知过程。运行过程的概念模型是运行设计的逻辑基础，是可视化竞争情报服务具体运行过程的主导方向；运行过程的具体操作，则是基于可视化竞争情报服务发现竞争问题，然后利用战争游戏法得出决策方案。本书将在第四章深入分析可视化竞争情报服务的运行过程。

运行控制是对可视化竞争情报服务运行过程的指导与协调。因可视化竞争情报服务具有复杂性的特点，其运行中必然会面临着一些容易导致运行过程偏离预定轨道的主客观因素，企业需要利用系统的运行控制体系予以规制和纠正。对可视化竞争情报服务的运行控制，主要发生在其运行过程开始前、进行中以及结束后三个阶段，通过事前控制、事中控制和事后控制实现。其中，事后控制通过对运行成果的监控与评价，不仅可以指导、改进可视化竞争情报服务的运行过程，还可以发现事前控制和事中控制措施中的不足与漏洞，为运行控制体系的完善提供现实依据。本书将在第五章对可视化竞争情报服务的运行控制展开详细讨论。

运行保障是保证可视化竞争情报服务顺利运行的基础，其可以通过制度保障、理论保障和培训体系等手段提供强有力的支持。制度保障是通过企业的规章制度实现的一种强制性辅助活动，理论保障是通过理论研究来辅助可视化竞争情报服务的实践活动，而培训体系则是通过完善与提升竞争情报工作人员的技能，为可视化竞争情报服务提供人力基础。运行保障的基本目标是通过各种措施为可视化竞争情报服务开垦适宜其繁荣发展的土壤。本书将在第六章进一步探讨可视化竞争情报服务的运行保障问题。

可视化竞争情报服务运行过程在各种运行准备与控制活动的推动和指导，以及各种保障性措施对它们的支撑、辅助下，利用可视化情报和战争游戏法提高企业对竞争问题的洞察能力和反应速度，改善管理者和竞争情报工作人员的思维方式，使他们以一种整体、系统、动态的方法分析竞争问题。可视化竞争情报服务，不仅可以让决策者了解情报工作人员的分析过程，还可以让情报工作人员了解决策者的思考过程，从而促进两者的互动融合与相互促进，进而使竞争情报工作效能与管理决策效率得到同步改进与提高。战争游戏法通过对竞争态势演进过程进行模拟，让管理者看到未来一段时间内的可能竞争路径，提高他们应对突发事件的能力。为了切实实现可视化竞争情报服务工作的竞争效能，企业必须在健全的运行保障体系的支撑下，以严格的运行准备为起点，以严密的运行控制为指导，实施严谨的运行过程。成功运行的可视化竞争情报服务，将使企业的竞争能力得到提升。

第三章

可视化竞争情报服务的运行准备

运行准备是开展可视化竞争情报服务的第一步，也是后续运行过程的基石。运行准备体系是否合理、系统、科学和严谨，会直接影响可视化竞争情报服务的成败。本章将从运行准备的目标与原则、驱动因素以及行为优化三个方面分析可视化竞争情报服务的运行准备工作。

第一节　可视化竞争情报服务运行准备的目标与原则

一、运行准备的目标

可视化竞争情报服务的运行准备以企业总体战略为指导，依据企业现有的竞争情报资源及其运行状况、外部竞争环境、内部经营环境及技术环境，全面系统地筹划可视化竞争情报服务的基础性工作，以保证可视化竞争情报服务可以有机地融入企业的日常运行，并为特定竞争情报项目的开展做好信息、人员、方法等方面的准备。可视化竞争情报服务的运行准备，实际上就是针对企业内外部情况为可视化竞争情报服务的开展创造良好环境的过程。开展可视化竞争情报服务运行的物理空间，可以是一间空房间，也可以是闲置的会议室。在运行准备过程中，逐步实现空房间或闲置会议室向可视化竞争情报服务室的转变，由空房间或会议室蜕变为可视化竞争情报服务室的历程如图 3-1 所示。

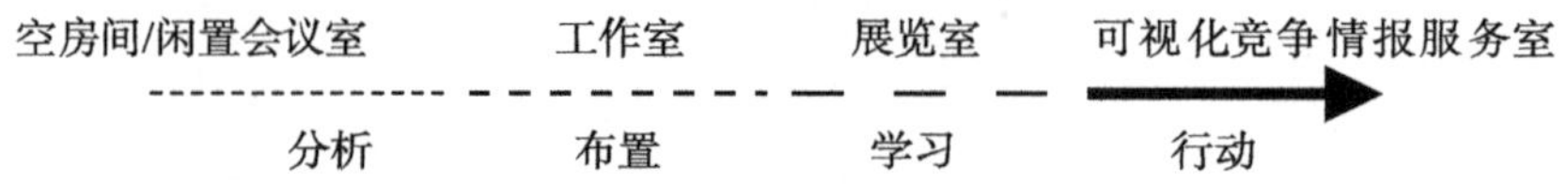

图 3-1　可视化竞争情报服务室的进化历程

可视化竞争情报服务室运行准备成员首先选择一个空房间或闲置会议室，然后在此召开可视化竞争情报服务立项会议，分析可视化竞争情报服务运行准备的进度、资源计划等；当准备工作正式开始的时候，运行准备成员在这个空房间或闲置会议室中布置信息展示装置、计算机及桌椅等设备，并对现有的信息资源按照可视化形式进行结构优化，此时的空房间或闲置会议室已经转变为运行准备成员的工作室；在完成设备布置以及信息资源结构优化之后，工作室也就过渡为可以完成组织学习任务的展览室，展示着企业所在的竞争生态系统的演进情况及其当前的竞争态势；运行准备工作完成后，可视化竞争情报服务室即进入运行过程实施阶段。

综上，运行准备的根本目标就是将现有的房间改造为可以利用可视化手段展示竞争情报过程，利用竞争模拟开展环境预测和决策验证，支持团队决策的可视化竞争情报服务室。为了实现这一根本目标，可视化竞争情报服务的运行准备工作需实现以下具体目标。

1. 明确定义可视化竞争情报服务的地位

可视化竞争情报服务在企业中的地位取决于高层管理者的重视程度。在可视化竞争情报服务运行准备之初，应先向高层管理者大力宣传可视化竞争情报服务对增强企业竞争力所具有的强大优势，并获取他们的大力支持以及为了更好地开展可视化竞争情报服务所必需的权力。

2. 赢得企业各部门的全力支持

为了保证可视化竞争情报服务的顺利开展，需要消除所有的人为障碍，获得相关人员的全力配合。可视化竞争情报服务是为了消除企业中存在的信息孤岛现象，使企业中的信息交流通畅而建立起一种中央信息库。为了实现这一目标，企业各部门的相关人员要积极地、毫无保留地将自己所掌握的与企业竞争和经营有关的信息输入情报室。同时情报室中的某些活动，也需要随时调用其他部门的人员。因此，在准备过程中，需要让企业各部门了解可视化竞争情报服务的功能，以及它可以为本部门以及整个企业的发展带来的好处，以获取各部门的支持。

3. 优化资源配置

对信息资源、情报人力资源、资金投入等进行合理规划，统筹安排，使资源配置达到最优。对于信息资源，需要根据企业的行业特点以及管理者的思维习惯设计合理的分类目录，建立信息列表；对于情报人力资源，需要进行业务能力和情报素质考核，决定其去留和职位，同时积极引进企业外部高素质的竞争情报人才，为可视化竞争情报服务组建一支朝气蓬勃的精干的团队；对于可视化竞争情报服务的资金投入要进行合理预算，将资金用到实处并控制成本，以相对低的成本获得高效益。与此同时，还需要对可视化竞争情报服务的开展进度进行详细、合理的设计和安排，既不能急功近利，也不能懒散拖沓。

4. 合理规划企业日常情报流程

企业的日常情报流程不仅能够积累特定可视化竞争情报服务项目所需的各种信息、人际情报网络等情报资源，同时也是发现竞争问题或事件的重要渠道。为了适应可视化竞争情报服务的可视性、系统性、全局性等运行特点，并充分发挥日常情报体系的环境监控功能，企业需要对日常情报流程，包括日常情报搜集、组织、报送和汇总等进行优化重组，以保证可视化竞争情报服务运行的通畅性。

5. 确保可视化竞争情报服务团队成员熟练掌握可视化竞争情报技术

在正式开展可视化竞争情报服务工作前，需要对可视化竞争情报服务团队成员进行短期强化培训，以保证他们能够熟练运用可视化竞争情报服务中的方法和技术，确保可视化竞争情报服务过程顺利进行。需要培训的可视化竞争情报技术包括可视化竞争情报服务基本流程、知识可视化方法、四分位信息搜集技术、战争游戏法及头脑风暴法等。

6. 完成可视化竞争情报服务实施的事前控制

可视化竞争情报服务的事前控制是指在正式开展可视化竞争情报服务之前，应尽可能考虑各种影响服务成功运行的因素，并针对这些因素做好充分的准备工作。可视化竞争情报服务运行准备可以完成的事前控制事项主要包括成员选拔控制、初始信息库质量控制、可视化竞争情报服务进度控制以及成本预算控制等。同时，由于企业管理层的支持对可视化竞争情报服务的成功有很大影响，因此争取管理层的配合也属于一种事前控制。

为了实现这些运行准备目标，企业管理层和负责可视化竞争情报服务运行准备的人员需要不断沟通、交流，共同完成可视化竞争情报服务的适应性分析、行为优化等大量准备性工作。可视化竞争情报服务运行准备工作是一个沟通过程，能够使企业加深对可视化竞争情报服务的理解，使管理者更加清楚地了解在可视化竞争情报服务开展过程中自己应该提供什么并能获得什么，以增强他们的参与意识。

二、运行准备需遵循的原则

可视化竞争情报服务运行准备需要遵循以下原则。

1. 针对性原则

可视化竞争情报服务的运行准备工作，要针对企业自身的组织结构、财务状况、人力资源状况等合理安排运行的基础性工作，根据组织结构确定可视化竞争情报服务工作的组织位置，根据财务状况确定可视化竞争情报服务的投入和信息技术含量，根据人力资源状况确定可视化竞争情报服务团队结构，等等，不能照搬其他企业的模式，否则就会因为无法与所在企业紧密融合而导致可视化竞争情报服务的低效率甚至失败。

2. 系统性原则

系统性原则主要是针对初始信息库的建立而言的。初始信息库是将企业现有的信息资源按照一定的规则汇总，形成可视化竞争情报服务的基础信息资源。可视化竞争情报服务运行过程中产生的信息，最终也会按照这种规则输入该信息库。因此，初始信息库既是可视化竞争情报服务运行的信息基础，也是可视化竞争情报服务组织信息的依据。为了保证可视化竞争情报服务信息存取的便利性、易用性以及可扩展性，企业需要针对自身行业的特点、业务特征以及竞争环境特征，全面、系统地设计信息组织规则。

此外，为了保证可视化竞争情报服务可以及时获取企业各部门以及企业外部利益相关者（如供应商、客户等）提供的有关产品、市场、环境等的信息，并保证可视化竞争情报服务能够及时向有关部门传播信息，企业还需要对可视化竞争情报服务的信息搜集和传播网络进行统筹规划。

3. 预见性原则

运行准备是为了让事物能够按照人们所希望的方式发展而事先限定其运行轨道，制定一些规则和约束。如果没有特殊情况，根据运行准备就可以预见事物未来的发展方向。然而，未来的变化是未知的，为了防止事物的发展因变化而偏离轨道，运行准备人员需要具有预测变化的能力，并针对变化制定防范措施。

动态竞争环境复杂多变，企业在开展可视化竞争情报服务运行准备工作时，不能仅仅着眼于现在的资源和竞争问题，还应预测未来可能出现的问题和困难，并针对这些问题和困难制定一些预选方案。在可视化竞争情报服务开展过程中，会出现某个信息源突然无法提供相关信息，情报分析过程中因观点不一致而产生冲突，企业相关部门配合不默契，以及服务室人才流失等情况，这些都需要在运行准备过程中予以考虑并提出相应的解决措施。

4. 协调性原则

可视化竞争情报服务的开展几乎涉及企业的所有部门，为了保证开展过程中不会受人为因素的阻碍，企业需要协调可视化竞争情报服务团队与各部门的关系。这种协调是由可视化竞争情报服务团队和相关部门共同商讨解决两者之间的流程融合、信息与人员支持等方面的问题，而不是强制某部门向可视化竞争情报服务团队提供支持与帮助，否则该部门就有可能产生抵制情绪，并降低他们的工作主动性和积极性。

5. 宣传性原则

运行准备过程在一定程度上是对可视化竞争情报服务的一种宣传造势，既可以让企业各部门、各利益相关者加深对可视化竞争情报服务的了解，同时也能引起他们对可视化竞争情报服务的重视，从而提高可视化竞争情报服务工作的地位。这种宣传也是为了获得更多的支持和配合，方便可视化竞争情报服务工作的开展。

第二节　可视化竞争情报服务的驱动因素

企业驱动可视化竞争情报服务的根本目的主要有两个：一个是规划，一个是监测。规划包括企业战略或项目的规划，以及战术计划；监测则包括对竞争环境的变化、市场参与者的动向、竞争问题或事件演进过程、项目的实施过程以及战略或战术的推进过程的监测。

一、驱动可视化竞争情报服务的主体

驱动可视化竞争情报服务的主体既可以是企业内部的决策人员和竞争情报工作人员，也可以是企业外部的竞争情报专家。其中，内部决策人员驱动的可视化竞争情报服务项目在创建和运行过程中遇到的阻碍最小，而内部竞争情报工作人员和外部竞争情报专家驱动的可视化竞争情报服务项目的创建与运行必须获得企业高层管理人员的支持。因为只有向企业各部门传达高层管理者对可视化竞争情报服务高度重视的信息，才能比较方便地获取他们的支持、配合和参与。

内部决策人员驱动可视化竞争情报服务工作的原因在于现有竞争情报工作

无法满足其决策需求，如无法在需要的时候接收他所需要的信息，根据情报部门的情报报告无法全面思考问题或事件的过程，无法将自己的知识、经验和判断能力整合到竞争情报过程中以发现某些现象和规律，等等。当决策人员不堪忍受旧有竞争情报运行机制对其思维和智慧的束缚时，他们就会提出革新要求并积极推动可视化竞争情报服务项目的创建运行，从而成为可视化竞争情报服务的驱动主体。

竞争情报工作人员驱动可视化竞争情报服务项目的原因在于面临无法向决策者提供具有战略或战术价值的信息的困境。竞争情报工作人员努力地从各种渠道搜集信息，但由于缺乏相关部门的参与，很难挖掘深层次的关联信息，只能为决策者提供表层数据以及依据这些数据的趋势外推。当竞争情报工作人员越来越不满足这些肤浅的工作时，就会积极拓展工作思路。为了将竞争情报工作人员的信息搜集过程与企业管理者的管理过程，以及决策者的决策过程互相融合，真正实现竞争情报对企业管理与决策的信息映射，竞争情报工作人员便开始在企业中推动可视化竞争情报服务工作机制的建设。

外部竞争情报专家对可视化竞争情报服务的驱动，很大程度上是基于自身的商业利益。外部竞争情报专家对可视化竞争情报服务的大力宣传，可以为他们赢得更多商机，促进可视化竞争情报服务的推广。由外部竞争情报专家驱动的可视化竞争情报服务，需要注意在本企业竞争情报部门或其他部门管理人员中培养能够统筹可视化竞争情报服务工作的领导者，以便在外部专家离开之后可视化竞争情报服务能够继续正常运行。

二、驱动可视化竞争情报服务的因素

驱动可视化竞争情报服务的因素是指可以积极促使企业开展可视化竞争情报服务的各种内外部条件。同时这些因素也是判断企业是否适合开展可视化竞争情报服务的前提条件。驱动可视化竞争情报服务的因素主要包括竞争环境和企业内部环境两个方面。

（一）竞争环境

竞争环境因素是建立和运行可视化竞争情报服务的外因与先决条件。竞争环境分析结果不仅有助于管理者更加深刻地理解本企业所面临的竞争形势，坚定开展可视化竞争情报服务的决心，更重要的是为可视化竞争情报服务目标体系、组织体系、职能体系以及运行程序的设计提供依据。虽然企业面临着社会、经济、政治、法律、技术等诸多环境因素，但我们只需要针对与企业切身相关的、影响可视化竞争情报服务项目设立的外部条件展开分析。影响企业是否会采用可视化竞争情报服务的竞争环境因素主要有竞争形势复杂性和竞争环境的动荡程度。

竞争形势主要由竞争者、客户、供应商、潜在进入者和替代品这五种力量以及他们之间的相互作用决定，竞争形势的复杂性是从主观认知角度而言的，它取决于企业是否能够清晰地梳理这五种力量交织而成的关系网络以及他们各自的发展趋势。如果企业现有的竞争情报能力无法掌握这五种力量的关系和走势，那么企业决策就会陷入盲目状态，企业会面临重重危机而不自知，此时就需要改进竞争情报工作机制。

竞争环境的动荡程度是指竞争环境变化的速度和波动的幅度。竞争环境的变化主要包括竞争形式的变化和竞争格局的改变等。竞争形式的变化一般由市场需求的变化引起，通常会导致行业重新洗牌，如果企业未能在竞争形式变化之前做出调整，就会处于一种被动状态。竞争格局的改变则是由企业之间的并购、联盟以及新进入者和替代品的产生等造成的。如果企业所处的竞争环境变化速度很快、波动幅度也很大，即竞争环境的动荡程度很高，那么仅按照常规的静态、线性的竞争情报工作方式将无法对这种变化进行有效预测，从而会降低企业的反应速度。在面对新的强大的竞争对手尤其是不按常规出牌的竞争对手时，这种常规的情报方法反而有可能会误导企业。

（二）企业内部环境

企业内部环境是建立和运行可视化竞争情报服务项目的内因与支撑条件。如果企业内部环境氛围与可视化竞争情报服务理念相悖，那么即使设立了可视化竞争情报服务室，也不会取得很好的效果，工作会流于形式。企业内部影响可视化竞争情报服务开展的因素主要有管理风格和情报文化。从概念上来说，情报文化属于企业文化的一部分，本书将情报文化从企业文化中独立出来，主要是为了突出企业的管理风格和情报风格对可视化竞争情报服务的影响。

管理风格是指一个企业的管理特点。企业的管理风格中能够对可视化竞争情报服务产生关键影响的因素主要包括管理的开放程度、企业的内聚力以及管理者自身的素质等。管理理念非常保守、自闭，任何根据竞争对手的能力或意图质疑企业战略的尝试都会带来政治上的危险，任何“像竞争者那样思考”的尝试都会被认为背叛的企业很难实施可视化竞争情报服务机制。各部门各自为政，不同的部门或单位之间通信不畅，或仅以自身绩效最优的方式操作，且不惜损害其他部门的成果，这说明企业内聚力不足。在这种情况下建立可视化竞争情报服务项目，必定会以失败告终。当管理者自身素质不高时，即使他非常支持可视化竞争情报服务工作，也会因为缺少必备的知识、经验和技能，而无法很好地利用可视化竞争情报服务的功能提高决策质量。

所谓情报文化，实质上就是在组织中形成领导带头、全员参与的重视情报、使用情报和共享情报的理想信念、价值观念和行为规范，即形成一种以情报价值为核心的意识形态，它是组织文化的重要构成①。简而言之，情报文化就是企业全体员工共同认同的一种情报价值观念，它是可视化竞争情报服务在企业中顺利推进并成功运行的内部保障因素。对企业情报文化的评价主要从高层领导对情报工作的态度、民主决策机制的完善程度以及信息共享难易程度等方面考虑。高层领导对情报工作越重视，民主决策机制越完善，信息共享越容易，可视化竞争情报服务工作的开展就会越顺利，成功率也就越高。

---

① 包昌火，赵刚，黄英等．略论竞争情报的发展走向［J］．情报学报，2004，23（3）：352-366.

第三节 可视化竞争情报服务的行为优化

可视化竞争情报服务虽然是一种竞争情报工作，但它又具有普通的竞争情报工作所没有的一些强化特性，如流程的可见性、人员的高度互动性以及情报分析结果的决策性等。因此，在建立和运行可视化竞争情报服务项目之前，企业需要对现有的竞争情报工作以及企业运行机制进行一定程度的调整和优化，为可视化竞争情报服务的运行奠定良好的基础。开展可视化竞争情报服务工作之前所必须采取的一些优化措施如下。

一、竞争情报资源审计

竞争情报资源是企业创建可视化竞争情报服务的基础，主要包括企业现有的竞争情报工作人员、竞争性知识资源、人际情报网络及竞争情报项目经验等。对竞争情报资源开展审计工作，有助于合理、有效地开展可视化竞争情报服务的分析设计工作。

（一）竞争情报工作人员能力考核

竞争情报工作人员能力考核是指对企业现有的专兼职竞争情报工作者的竞争情报素质进行评测，以全面掌握现有竞争情报工作人员的能力情况，从而为可视化竞争情报服务人员选拔与培训，以及引进新竞争情报工作人员提供参考依据。竞争情报工作人员的素质主要包括情报意识、情报搜集能力、情报跟踪能力、情报分析能力及所掌握的行业知识等。不同情报工作人员的知识结构不同，所擅长的情报工作领域也有所不同，如有的擅长情报搜集、有的擅长情报跟踪、有的则擅长情报分析等。

对竞争情报工作人员能力的考核主要分为四步。第一步是筛选竞争情报工作人员，对分散在不同部门的专兼职竞争情报工作人员及其所从事的竞争情报工作内容进行识别建档。第二步是建立评价指标体系，将评测内容进一步细化为可操作的定性或定量评价指标。第三步是对竞争情报工作人员进行素质评测，即参照评价指标体系，利用访谈、观察和专业知识测验等方法对每一位竞争情报工作人员进行合理评测。第四步是输出评测报告，以不同方法得到的评测结果为依据，对每一位竞争情报工作人员进行综合评价，得出评测报告。另外，要分别标记出已具备较高竞争情报素质的人员，以及经过培训可以具备较高竞争情报能力的人员，作为可视化竞争情报服务储备人才。

（二）竞争性知识资源汇总

竞争性知识资源汇总的目的是厘清企业竞争的脉络，把握整个竞争生态系统的当前状态。竞争性知识资源就是企业在参与市场竞争时，根据市场情况和企业战略目标，将自身运行过程中产生的各种知识，以及通过正当渠道收集的与企业有关的竞争对手和竞争环境等方面的信息，经过分析、加工、整理等系统化处理而得到的保持企业竞争力的知识资源[①]。可以说，竞争性知识资源是企业在竞争情报或与竞争情报有关的工作中积累下来的能够反映客观竞争情况的知识，这种知识曾经被激活或尚未被激活为增强企业竞争优势的竞争情报。而竞争性知识资源汇总则是对散落在企业各部门的竞争性知识资源进行识别和价值判断之后，集中在一起进行再分类和关系链接处理，并绘制出企业的竞争生态系统图景。该竞争生态系统图景反映了各种竞争力量相互作用所形成的当前竞争态势，这是下一阶段竞争的基础，也是可视化竞争情报服务进行竞争跟踪的起点。

进行竞争性知识资源汇总，不仅便于竞争情报工作人员辨析各种竞争要素之间千丝万缕的联系，并从中发现反映竞争趋势的信号，还有利于消除由于部门之间信息沟通不畅造成的信息孤岛现象，从而降低企业管理者的信息搜寻成

① 赖启正，任皓. 企业竞争性知识资源开发与创新［J］. 图书馆杂志，2003（12）：14-16.

本。同时由于汇总的资源在具备不同知识结构的管理者之间共享，从而增加了知识被激活为竞争情报的概率，提高了知识利用率。

（三）人际情报网络梳理

美国匹兹堡大学教授、著名的竞争情报学者约翰·E.普赖斯科特教授经过长期研究，认为“构建人际情报网络是解决企业竞争情报活动中谁认识谁及谁知道什么这个基本问题的重要途径和有效工具①”。人际情报网络是一种非常重要的企业获取情报的渠道，而利用人际情报网络展开的情报搜集活动，也是对情报搜集人员的应变与沟通能力要求非常高的一种情报搜集方式。为了快速识别从谁那里可以获得所需信息，保证企业的人际情报网络能够通畅地为可视化竞争情报服务工作服务，在可视化竞争情报服务工作开始之前，应先对企业的人际情报网络进行梳理，并绘制可视化人际情报结构图。

可视化人际情报结构图包括企业内部人际情报结构图和企业外部人际情报结构图两大部分。企业内部人际结构图以企业情报工作人员、可以作为信息源的企业内部员工为节点，以工作关系为链接形成一个网状结构。而企业外部人际结构图又包括两部分内容，一个是以企业内部信息源，以及它们所能实现的潜在的信息目标为节点，以信息交流机会为链接构成的网状结构；另一个则是以企业情报工作人员、企业外部信息源以及他们所能实现的潜在信息目标为节点，以社会关系为链接形成的网状结构。这三种网状结构图主要以企业情报工作人员为共同节点，组成了企业的人际情报网络。绘制可视化人际情报结构图时，需要先识别企业内部可以作为信息源的人员，以及他们所能实现的潜在的信息目标。

① 彭靖里，谭海霞，王崇理. 竞争情报中人际网络构建的理论研究——基于社会网络的分析观点［J］. 图书情报工作，2006，50（4）：38-42.

（四）竞争情报项目经验总结

竞争情报项目经验总结通过对企业以往开展过的竞争情报项目进行回顾与评价，总结企业曾采用的竞争情报方法的成就与不足。从企业以往的竞争情报项目经验中可以看出企业的竞争情报能力以及高层管理者对竞争情报工作的重视程度，而经验总结也可以为将来的竞争情报项目提供前车之鉴。竞争情报项目经验总结的开展应该由竞争情报主管牵头，组织竞争情报工作人员一起针对曾经开展过的重要竞争情报项目，通过讨论会、书面总结等形式，分析企业竞争情报工作中存在的优势与不足，并针对不足提出建设性改进意见。与此同时，还要针对特定的较重要的竞争情报项目邀请相关管理者参与经验总结，以取得该竞争情报项目成果对企业竞争的效用性评价。

值得注意的是，需要进行经验总结的竞争情报项目不仅指得到企业立项的正式情报项目，也包括竞争情报工作部门和竞争情报工作人员平时开展的一些基础性工作，因为正式情报项目和日常基础性情报工作都是竞争情报工作的重要内容。客观、公正、合理、系统的竞争情报项目经验总结，一方面可以促使竞争情报工作人员对自己的工作方法、方式进行深刻剖析，发现优势，弥补不足；另一方面还可以通过管理者对竞争情报成果的回顾，增强他们对竞争情报项目价值的认识，提高对竞争情报工作的重视程度。尤为重要的是，竞争情报项目的已有经验，不仅是可视化竞争情报服务工作改进的对象，还为可视化竞争情报服务的开展提供了依据。

二、日常情报流程重组

日常情报流程是指企业各职能部门在日常运行过程中，对维持或增强企业竞争优势具有一定价值的信息的无意间获取，以及对这种信息进行组织与报送的过程等。情报无处不在，从各级员工的日常交流，到企业领导者接受媒体访谈时的无意之语等，都有可能包含着关于企业商业活动各方面的信息、情报。

日常情报流程对企业正式的、有组织的竞争情报工作来说，具有非常重要的辅佐性和补充性功能。

在可视化竞争情报服务正式运行之前进行情报流程重组，主要是为了打破各职能部门之间存在的信息交流障碍，对企业日常业务流程中涉及的情报搜集、组织、报送与汇总等方式进行调整与改造。这保证了各部门获得的有关企业自身、竞争对手、竞争环境等的信息能够及时汇聚到可视化竞争情报服务室中，从而消除部门间的信息孤岛，实现信息共享。

（一）日常情报搜集

日常情报搜集主要指除专门的竞争情报搜集人员系统开展的情报搜集工作之外，由企业各部门员工在日常工作和生活中有意或无意进行的情报搜集活动。这种日常情报搜集工作，需要企业员工具有较强的情报意识，能够将其视为自己日常工作和生活中重要的一部分。这样，他们才能够随时警惕并捕获与本企业竞争和经营有关的信息。不同的员工拥有不同的人际网络，他们可以从不同的渠道获得有关竞争环境不同侧面的信息。企业如果将每一位员工都视为情报搜集者，将会拓宽企业的视野，从而有利于更全面地把握竞争态势，更及时地发现竞争机会和威胁。需要注意的是，虽然员工通过个人人际网络获得的情报价值较高，但仍需要对这种情报的真伪进行多角度的验证，确定其准确性之后才能将其输入企业情报库。

为促使企业员工积极主动地将情报搜集融入个人的日常工作和生活中，企业除了要营造浓厚的情报文化之外，还需要建立一定的激励机制，根据所提供情报的价值给予提供者一定的物质和精神奖励。同时为了使员工的日常情报搜集活动具有一定的针对性，企业应将战略目标细化到每个部门，让每位员工都明白企业在做什么，为了实现企业目标自己又需要做些什么。企业的这种日常情报搜集工作能够培养员工的主人翁精神，增强企业的凝聚力。当然，在全员参与情报搜集工作的时候，企业还应注意培养员工的反竞争情报意识和技能。

（二）日常情报组织

日常情报组织是指为了让员工能够清晰、充分地表述所掌握的情报而设计的一种信息组织方式。员工可以根据信息的内容特征以及自己的表述习惯，选择文字、图表、图形等日常情报组织方式。但在这些组织方式中，通过关系链接图表、图形等可视化元素形成的可视化情报表述，是可视化竞争情报服务最主要的情报组织方式。同时，这种可视化的情报组织过程，是对所掌握的情报做进一步理解和筛选的过程，有助于员工回顾情报搜集过程。经过日常情报组织，员工可能会发现一些逻辑漏洞，或需要进一步追查的线索，从而促使他们采取进一步的情报搜集措施。因此，在能力所及的情况下，企业应倡导员工采用可视化情报组织方式。

员工的信息组织能力决定了他对所掌握情报的传递率和耗损率。情报传递率是指经过组织和传递过程，情报接受者能够接收到的情报内容量与情报发送者本意要传递的情报内容量的比值。情报接受者未能接收到的情报内容量与情报发送者本意要传递的情报内容量的比值则为情报耗损率。情报传递率和耗损率不仅仅取决于发送者的表达能力，还与接受者的理解与吸收能力有很大关系。情报发送者是情报传递的始端，要提高情报传递率，降低耗损率，应先提高情报发送者的表达能力，也就是信息组织能力。因此，为了提高员工的情报组织能力，使他们能够将所搜集到的情报尽可能完全地报送给可视化竞争情报服务团队，企业应对员工开展信息组织培训，尤其是加强可视化信息组织技能训练。

（三）日常情报报送

日常情报报送是指将企业员工获得的并以一定的方式组织起来的情报向可视化竞争情报服务室提交的行为过程。可视化竞争情报服务室是企业的竞争信息中心。企业各部门、各员工所获得的有关竞争对手、竞争环境等方面的信息首先要汇聚到可视化竞争情报服务室，然后由服务室相关人员进行甄别、整理、分析与综合，形成各种情报报告并提交给决策者和其他相关部门，以辅助战略、战术决策。为了减少情报报送过程中的信息损耗以及时间延迟，企业各员工直接向可视化竞争情报服务室提交所获取的情报，而无须经过其上级主管的批复或转交。同时，为了避免虚假信息混淆管理者的视听，员工不能将所获取的信息直接提交给决策者或相关管理者，必须统一交由可视化竞争情报服务室做进一步审核、处理。

此外，为了便于日常情报的报送，可视化竞争情报服务室应为企业员工提供一个通畅的报送通道，如电子邮箱等。但是，并不是所有的情报都能共享给企业全体员工，为了防止机密信息外泄，需要划定情报密级，不同的员工和管理者对于不同密级的情报拥有不同的访问权限。因此，为了保护信息安全，在可视化竞争情报服务团队确定情报密级之前，企业员工获得的日常情报必须先报送给可视化竞争情报服务室，不能擅自公开。

（四）日常情报汇总

日常情报汇总工作主要由可视化竞争情报服务室完成。可视化竞争情报服务室将企业员工报送的情报进行多角度验证、明辨真伪之后，将判断为“准确”的信息汇总到情报库；对于判断为“怀疑”的信息，组织专职竞争情报搜集人员开展进一步的情报搜集活动，以获取可靠信息；而对于判断为“错误”的信息，则予以抛弃。由于可视化竞争情报服务的情报库是以可视化方式组织的，对竞争生态系统形成一种信息映射，因此对于情报库的信息添加，首先需要明确该信息的类别以及与其存在关系的信息节点，确定其在信息系统中的位置，然后通过关系链接将该信息添加到情报库中。同时还要对情报库的这种变动做必要的备注，以便于日后对竞争轨迹演进过程进行考查。

日常情报汇总不仅指对企业员工所获得的信息进行入库处理，还涉及对企业员工的情报贡献进行统计。可视化竞争情报服务团队负责确定提供不同级别、不同准确程度信息的企业员工的奖励级别。这种情报奖励可以激发企业员工主动开展日常情报搜集的积极性，并促使他们不断提高情报搜集质量。同时，可视化竞争情报服务团队还通过对企业员工参与日常情报搜集活动的积极性及其情报搜集质量进行评价，从中选拔优秀的情报人才，补充可视化竞争情报服务工作的力量。可以说，日常情报汇总不仅仅是日常情报的汇总，还是情报人才的评价与汇总。

日常情报流程重组是为了适应可视化竞争情报服务高度紧张、情报聚焦的运行特点，发动企业各部门员工积极参与、支持竞争情报工作，将时刻关注、捕获对企业有用的竞争信息作为一种习惯，多角度、广泛地谋求与竞争相关或可能相关的信息。而且，企业的管理过程本质上就是一种信息流转和控制过程，管理机构的任务是通过信息流通系统掌握信息、处理信息，然后做出决策，发出指令，有效地组织和指挥这一系统的各种活动①。各部门管理者在日常管理工作中可能会涉及许多竞争信息而不自知，日常情报流程重组可以促使管理者有意识地将这部分竞争信息提炼出来，并报送给可视化竞争情报服务团队，为制定企业的总体竞争策略和其他相关部门的竞争策略提供依据。成功的日常情报流程重组，将增强企业对员工的向心力，使企业成为一个真正的信息至上的组织，而只有这样可视化竞争情报服务室才能真正成为企业的神经中枢。

第四节　可视化竞争情报服务的运行准备框架

运行准备是企业开展可视化竞争情报服务工作的逻辑起点和推动过程。为了在可视化竞争情报服务开展之前，尽可能地降低运行风险，必须做好充分的前期准备工作，明确所在企业开展可视化竞争情报服务工作的条件，这也是保证可视化竞争情报服务能够合理有序地实现预期目标的前提。根据前面有关运行准备内容的讨论，可以构建图 3-2 所示的可视化竞争情报服务运行准备模型。

① 李纲，杨君．信息流程重组与业务流程重组［J］．中国图书馆学报（双月刊），2004（2）：34-37.

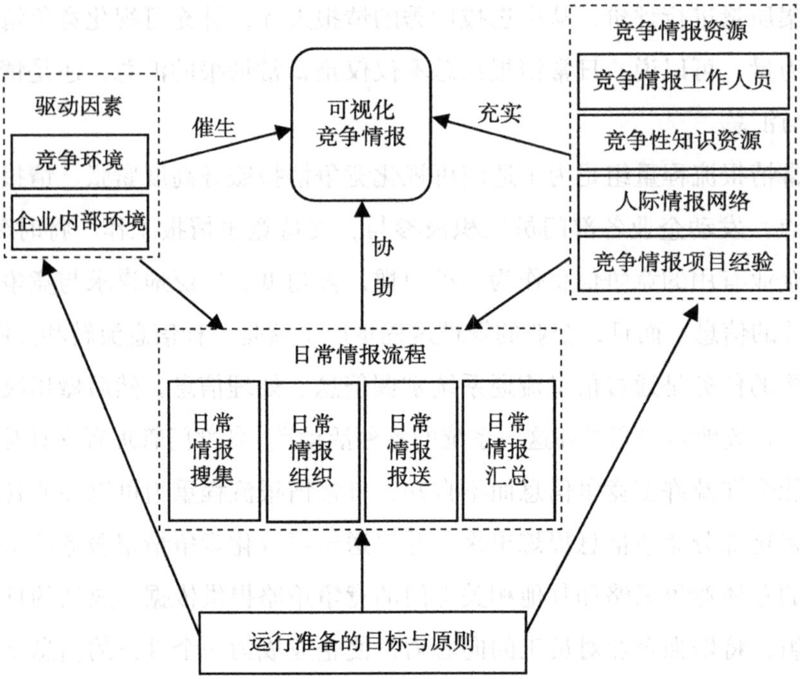

图 3-2　可视化竞争情报服务运行准备模型

在可视化竞争情报服务运行准备模型中，竞争环境和企业内部环境是可视化竞争情报服务的催生因素。竞争环境的逼迫，再加上内部环境奠定的经营基础，促进了可视化竞争情报服务的开展。竞争情报资源是企业原有情报工作的积累，是可视化竞争情报服务运行的资源基础。但对于这些资源，还需要根据可视化竞争情报服务对可视性、全局性、系统性、动态性以及战略性的要求进行必要的调整和充实。因此，在可视化竞争情报服务开展之前，必须开展竞争情报资源审计工作。可视化竞争情报服务工作与一般的情报工作相比，无论是在情报搜集、整理还是分析方面，都有明显差异，因此对于企业原有的日常情报流程也需要进行重组、优化。这种流程优化的依据不仅包括企业内外部环境以及资源基础，而且还包括可视化竞争情报服务本身的运行特征。经过流程重组所设置的日常情报程序，必须能够将竞争情报工作融入企业各部门、各员工的日常业务中，以协助可视化竞争情报服务工作的开展。运行准备的目标与原则不仅是开展运行驱动因素分析、竞争情报资源审计、日常业务流程重组时需要遵从的标准，更是它们需要达成的效果。运行准备工作不论是在进行中，还是在完成后，都需要依据运行准备的目标与原则审视工作的进行情况和完成情况。

虽然可视化竞争情报服务工作能够改善企业的竞争技能，提高竞争决策的效率，并从总体上提升企业的竞争能力，但不容忽视的是，可视化竞争情报服务是一项非常复杂的活动。其复杂性主要体现在以下四个方面。

（1）竞争问题的复杂性。可视化竞争情报服务所面临的竞争问题包括观察竞争环境的变化趋势及其蕴含的机会与威胁，以及竞争参与者的当前行动和对变化的反应等。可视化竞争情报服务的任务就是要在竞争对手采取行动之前把握机会，占得先机；在威胁出现前或出现时做出应对策略，尽可能消除危害或将危害降到最小。但是，竞争环境错综复杂并处于不断的变化之中，这为竞争问题的捕捉和解决造成了很大困难。

（2）信息组织方法的复杂性。虽然以可视化方式展示的信息系统便于人们观察和思考，但这种方法对情报工作人员及软硬件条件都有很高的要求，情报工作人员除了必须熟练掌握可视化技能之外，还必须能够系统把握竞争环境和竞争问题的当前态势与演进过程。

（3）情报分析方法的复杂性。虽然战争游戏法是在动态、复杂的竞争环境中开展竞争分析的一种非常有效的方法，但其多轮互动的模拟过程，不仅对角色扮演人员的竞争背景知识和易位思考能力有很高的要求，对协调人员的形势掌控能力也有很高的要求。

（4）参与人员的复杂性。在可视化竞争情报服务运行过程中，除了专职团队成员外，还有一些临时从其他各部门调用的具备相关管理和竞争知识的员工。这种跨职能部门的竞争情报团队，一方面拓展了竞争思维的视角，另一方面又由于人员的多样性增加了组织与管理的难度和复杂性。

严谨、周密的运行准备工作一方面可以为可视化竞争情报服务运行营造良好的企业内部情报环境，增强企业员工对可视化竞争情报服务的认同感，激发他们参与的积极性；另一方面还可以使参与人员对上述复杂性有一定程度的了解，并通过采取预防性措施等，适度缓解这些复杂性对解决竞争问题或事件的影响。

第四章

可视化竞争情报服务的运行过程

经过严密、周详的运行准备之后，可视化竞争情报服务工作进入实施阶段。为了保证可视化竞争情报服务的运行过程顺畅、有序，首先需要依据一定的原则对其进行科学、合理的设计，并采取一定的流程管理措施，实现运行过程的优化与完善。本章将在分析可视化竞争情报服务运行过程设计原则的基础上，建立可视化竞争情报服务运行流程模型，并对具体的实施步骤以及流程管理措施进行讨论。

第一节　可视化竞争情报服务运行过程的设计原则

一、问题驱动原则

可视化竞争情报服务需要针对不同的问题设计不同的运行程序，即遵循问题驱动原则。这主要由以下三方面的原因决定。

首先，从问题本身来讲，不同的问题具有不同的特点，这就决定了在分析不同的问题时采用的具体方法不同。对于与企业有利益冲突的问题，需要采用对抗式分析方案；而对于可以促进企业发展的问题，则需要采用协调式分析方法；对于暂时无法观察其倾向性的问题，需要采用监测式分析方案。

其次，企业对不同问题的了解程度即认知程度不同。企业对待解决问题的认知程度决定了可视化竞争情报服务工作开展的基础状况。企业对待解决问题的认知程度越差，可视化竞争情报服务工作开展的基础状况就越不乐观，在情报搜集和初步分析方面所需投入的精力就越多。对于企业了解比较全面的问题，可视化竞争情报服务工作的开展要侧重于对问题的深度挖掘，包括趋势监测、关联信号分析等。

最后，对于不同的问题，企业拥有的资源和解决能力不同，这也决定了可视化竞争情报服务工作开展的难易程度。这种资源和能力主要指信息渠道、对解决问题的方法与技巧的掌握程度等。有关待解决问题的资源越丰富、能力越强，可视化竞争情报服务工作的开展就越容易；反之，可视化竞争情报服务工作的开展越困难，并需要先解决资源拓展和能力强化方面的问题。

以上原因决定了对于不同的问题，可视化竞争情报服务工作的开展过程的侧重点会有所不同。因此，可视化竞争情报服务工作的运行设计必须以特定问题的主客观状况为依据，合理安排服务工作。

二、高层参与原则

高层参与原则是指在可视化竞争情报服务运行过程设计中，积极争取高层管理者的参与。可视化竞争情报服务的最终目的是辅助企业决策的制定，因此高层管理者是主要的情报服务对象。高层管理者参与可视化竞争情报服务运行过程设计，可以增加他们与设计团队之间的互动，有利于设计团队进一步加深对高层管理者情报需求的理解，从而更明确地把握运行设计方向。同时，可视化竞争情报服务的开展，是为了向企业管理者展示项目、问题或事件的全局，而高层管理者身处高位，其全局管理观念和丰富的竞争经验，有利于指导设计团队对问题整体进行把握、对可视化竞争情报服务进行更加周详的设计。此外，为了保证运行结果的有效性，需要高层管理者现场配合可视化竞争情报服务的运行过程，而高层管理者参与运行设计，可以增强他们对可视化竞争情报服务的了解程度，有利于可视化竞争情报服务实际运行过程的顺利推进。

高层管理者参与可视化竞争情报服务运行过程设计的方式主要有以下三种：（1）领导式，当企业中的某位高层领导对可视化竞争情报服务的运行情况比较熟悉的时候，就可以由该高层领导牵头可视化竞争情报服务的运行设计工作，甚至是具体运行过程；（2）反馈式，这是指可视化竞争情报服务的运行设计团队完成初步设计工作之后，将初步设计成果交由高层领导审查并提出修改意见，再由设计团队做进一步完善，这种互动往往需要进行多轮；（3）调查式，这是指设计团队在开展设计工作之前，首先针对可视化竞争情报服务的运行问题走访或问卷调查高层管理者，然后以调查结果为参照设计可视化竞争情报服务的运行过程。

三、流程融合原则

企业为了跟踪竞争对手的行动和竞争环境的变化，将搜集到的信息储存在可视化竞争情报服务室中。当需要的时候，企业的管理团队在可视化竞争情报服务室中定期聚会并开展战争游戏，利用搜集到的信息对竞争态势进行动态再现和演绎，从而识别战略机会和威胁。可以说战争游戏法是可视化竞争情报服务室开展活动采取的核心方法。因此，设计可视化竞争情报服务运行流程时，企业需要根据竞争情报的功能，对战争游戏和可视化竞争情报服务的开展过程进行互补性融合。因为可视化竞争情报服务室是一种工作环境，而战争游戏法是一种分析方法，可以说，可视化竞争情报服务室是战争游戏运行的载体。可视化竞争情报服务室是战争游戏开展的空间和平台，它为战争游戏的顺利开展提供人力、信息、设备等资源；战争游戏法为可视化竞争情报服务成功运行提供方法保障。因此，需要将战争游戏过程纳入到可视化竞争情报服务过程（最好在情报分析阶段）中，只有这样才能实现二者的有机结合。可视化竞争情报服务运行设计的流程融合如图 4-1 所示。

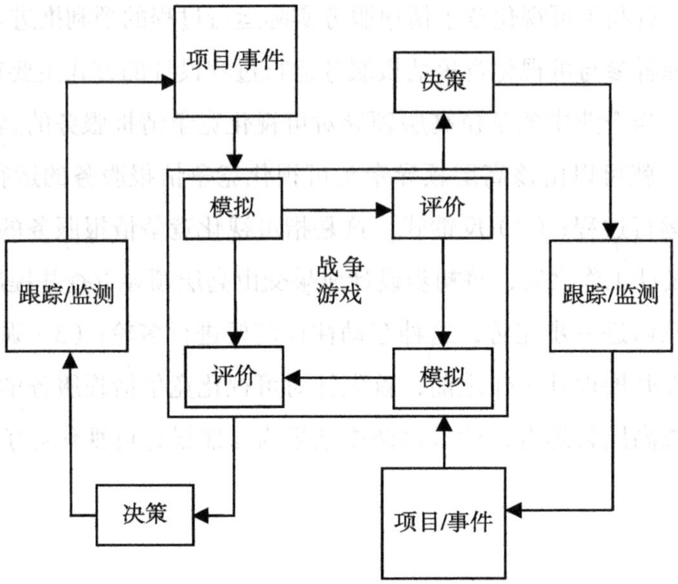

图 4-1　可视化竞争情报服务运行设计的流程融合

同时，可视化竞争情报服务运行设计的流程融合还包括将可视化竞争情报服务工作向企业其他各部门渗透。可视化竞争情报服务工作的运行过程是一种跨越组织部门的全企业性活动过程，需要企业各部门提供信息、人员等方面的支持和帮助，而这种支持和帮助必须能够非常顺利地及时抵达可视化竞争情报服务室，否则会对可视化竞争情报服务工作的开展产生一定程度的阻碍。因此，对于企业各部门必须肩负的可视化竞争情报服务工作相关责任，需要通过必要的规章制度予以界定。这意味着，可视化竞争情报服务工作与企业各部门运行活动的融合，需要通过强制性和激励性制度来实现。

第二节　可视化竞争情报服务运行流程

一、可视化竞争情报服务运行流程模型

运行流程是指在可视化竞争情报服务工作一切准备就绪之后，从环境扫描或管理者的管理与竞争实践中发现竞争问题，到利用战争游戏法得出解决方案的一系列操作程序。在此流程中，各种情报和情报过程都以可视化的方式展现出来，以便于情报工作人员和管理者对竞争问题进行整体把握及对竞争环境变化进行深刻观察，及时发现问题解决的思路并采取有效措施。从实质来看，可视化竞争情报服务工作的开展就是为了方便参与者的观察、讨论、修正，而在一个固定的场所，利用战争游戏法，将与竞争问题有关的竞争态势和竞争问题的解决过程完整地展示在一个框架内。可视化竞争情报服务运行流程模型如图 4-2 所示。

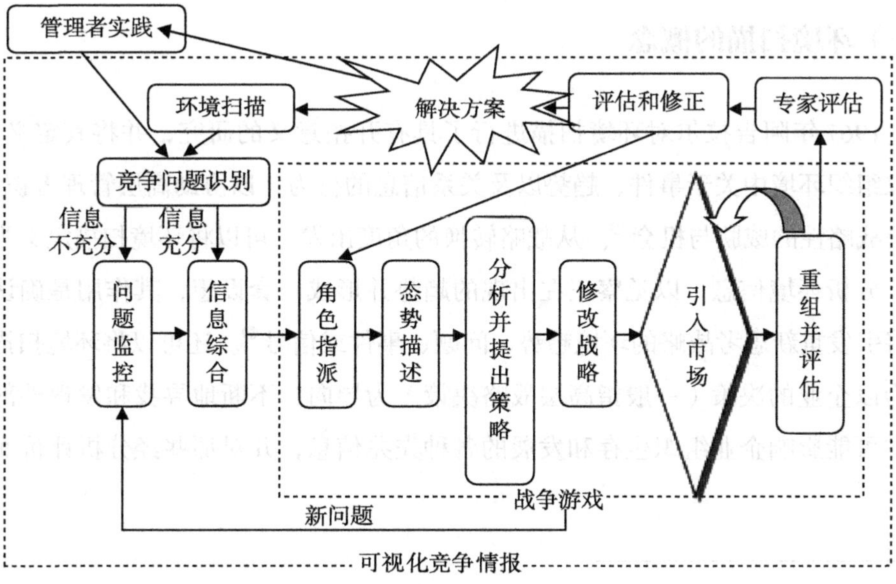

图 4-2　可视化竞争情报服务运行流程模型

在可视化竞争情报服务中，除了为解决管理者在竞争实践中发现的问题而组织战争游戏外，还可以定期组织相关人员根据环境扫描情况开展战争游戏，以形成对竞争环境变化的持续性认识。每一期的战争游戏，都是以前期战争游戏得出的结论以及当期获得的最新数据、信息为基础开展的。可视化竞争情报服务在利用本期战争游戏分析竞争态势和竞争问题的未来趋势，或检验企业未来战略的同时，也可利用企业实践检验前期战争游戏的效用，并不断地总结经验，以提高和完善战争游戏的技能。持续地开展战争游戏，可以使可视化竞争情报服务团队和企业管理者不断积累竞争知识、增强竞争技能。

为了得出竞争问题的解决方案，可视化竞争情报服务工作的开展需要历经环境扫描、竞争问题识别、问题监控、信息综合、战争游戏、专家评论、评估和修正等主要阶段。

二、环境扫描

（一）环境扫描的概念

1967 年阿吉拉尔对环境扫描进行了具有开拓意义的研究，并将其定义为：获取组织环境中关于事件、趋势以及关系信息的行为，以协助高层管理者识别、理解战略性的威胁与机会[①]。从战略转换的角度出发，可以将环境扫描定义为收集、分析环境信息，以觉察正在出现的趋势并形成一套设想，其作用是确认那些将引发重新思考战略的环境趋势、问题、事件或信号[②]。还可以将环境扫描理解为以企业的决策（一般指高层战略决策）为导向，不断地寻找和发现外部环境中可能影响企业组织生存和发展的各种先兆信息，并对那些经分析评价而确

① Aguilar, F. J. Scanning the Business Environment [M]. New York:The Macmillan Company, 1967.

② 简兆权，毛蕴诗. 环境扫描在战略转换中的作用分析 [J]. 科研管理，2003，24（5）：84-87.

认的环境因素进行重点跟踪和研究的过程[①]。

环境扫描的目的在于发现组织环境中变化的早期信号或正在发生的变化。这些变化可以是在某种程度上对企业的经营或竞争行为产生影响的问题，也可以是能够为企业带来意外或影响企业竞争战略的事件。在复杂动态且充满不确定性的竞争环境中，企业对环境变化预测能力以及面对变化时的反应速度提出了很高的要求。如果企业未能预测到环境的变化或对竞争变化的反应稍有迟钝，就有可能产生潜在的损失。因此，对企业竞争环境系统的扫描和分析就尤为重要。环境扫描实施的有效程度，决定了企业对竞争环境的认识和把握程度，这也是决定企业能否成功应对竞争环境挑战，制定、实施和评估企业竞争战略、战术的关键性因素。

（二）扫描模式

利亚姆・费伊根据扫描对象是否受限，将环境扫描分为开放式扫描和指导式扫描两种模式[②]。他认为开放式扫描是一种不受拘束的扫描，是为了获得与所有当前和潜在竞争者相关的数据，而扫描或搜寻所有可得的数据来源（焦点组织内部和外部来源）。同时，这种扫描对施动者也不进行约束，不指定由谁来负责扫描。指导式扫描通常搜寻与竞争者的某一具体方面有关的数据，并局限在经过选择的原始数据和二手数据中。环境扫描模式除了包括开放式和指导式扫描之外，还有正式搜索和非正式搜索之分[③]。区分正式与非正式搜索活动的关键在于是否经过了周密的计划，是否是一种结构化的搜索活动。

由于可视化竞争情报服务工作中开展的环境扫描不仅仅是为了增加其知识存量，确保信息能够随时保持为最新，更重要的是将企业所处的竞争生态系统的演进过程完整地展现出来，以便随时发现存在于竞争环境各个角落的、各种

---

① 陶翔，张左之. 竞争环境监视［M］. 北京：华夏出版社，2006：1-48.

② 利亚姆・费伊. 竞争者：以才智、谋略与绩效制胜［M］. 朱舟，译. 北京：中国人民大学出版社，2004：76-81.

③ Chun Wei Choo. The Art of Scanning the Environment［J］. Bulletin of the American Society for Informaiton Science, 1999.2/3:21-24.

潜在的和正在发生着的变化。如果将环境扫描局限于一定的范围内，就可能会错失有关市场、产品、客户、竞争对手等的重要信息；而没有计划的随机性信息搜集活动又很难形成系统的竞争图景。对于可视化竞争情报服务来说，环境扫描的全面性和系统性都非常重要，不能厚此薄彼。为了保证全面性，可视化竞争情报服务的环境扫描活动就需要发动一切能够发动的信息搜集力量，在法律允许的情况下，利用各种渠道和手段占有竞争信息；而为了保证系统性，则必须组建专门的情报搜集团队负责环境扫描工作。与此同时，还应将情报搜集团队划分为不同的情报搜集小组，由不同的小组扫描不同的竞争参与者，并在今后的战争游戏中参与该角色的扮演。但是环境扫描的任务不能仅仅限定于情报搜集团队，而应形成以情报搜集人员为核心、以其他人员为辅助的一种开放式与指导式、正式与非正式相结合的企业全员参与的环境扫描模式。可视化竞争情报服务工作中的情报搜集团队负责接收其他人员利用各种渠道获得的信息。其他人员的环境扫描是一种随机性、偶然性的信息发现，可以用来弥补情报搜集人员环境扫描的漏洞。积极营造员工参与环境扫描文化的企业，能够在较短的时间内监测到环境问题①。

（三）扫描框架

环境监测系统的正规程度影响着信息搜集的全面性和深度，而拥有正式的环境扫描系统的企业能够在较短的时间内监测到环境中的更多问题。正式的扫描系统是一种有计划的、持续的和协同的信息搜集活动②。计划性确保信息搜集以组织目标和重要信息需求为基础。持续监测能够确保组织从正常中发现异常并感觉到早期预警信号，同时还可以不断扩展扫描系统的信息网络并建立起知识基础。协同性可以最小化重复劳动，并最大化信息搜集的范围和效率。因此，

---

① Martha M. Lauzen. Toward a Model of Environmental Scanning [J]. Journal of Public Relations Research, 1995,7(3):187-203.

② Chun Wei Choo. The Art of Scanning the Environment [J]. Bulletin of the American Society for Informaiton Science, 1999.2/3:21-24.

为了保证情报搜集团队能够尽可能全面地开展环境扫描，还需要为他们建立一种能够辐射整个竞争环境的系统的扫描框架。环境扫描框架需要从信息渠道和扫描范围两个角度来构建。

信息渠道有很多，新闻、书籍及论文一直被认为是最基本的信息源。然而，由于互联网的快速发展，电子信息技术的应用已经进入千家万户，但是对于可视化竞争情报服务工作人员来说，纸质情报源和电子情报源都是非常重要的信息来源。信息搜集渠道主要可以划分为以下三种①：人力情报源（HUMINT）——指拥有有关目标领域的一手或二手信息的那些人，可能是竞争对手、供应商、客户或外部专家顾问等；信号情报源（SIGINT）——携带有信息的电子信号；图像情报（IMINT）——携带有信息的某种图像，如照片。其中，人力情报源是一种非常重要的情报来源，也是人类最为古老的情报搜集手段②。开展人力情报扫描，除了情报搜集团队人员外，还需要"线人"（source）。这种"线人"能够通过某种途径接近人力情报源，并利用某种事件、机会或行动从人力情报源那里获得所需要的信息，然后将该信息汇报给情报搜集团队。

另外，为了保证所搜集的情报的有效性，在环境扫描过程中还需要把握情报源和信息的可靠性与可信度。企业可以利用来自于军事情报领域的一种情报源评级法和信息评级法来完成这项任务③。情报源评级法是一种分析家对情报源自身的可靠性和可信度进行评价与分级的方法，一共分为以下五级：

A＝总是可靠的情报源，

B＝通常可靠的情报源，

C＝有时可靠的情报源，

D＝通常不可靠的情报源，

E＝可靠性未知的情报源。

信息评级法是对信息自身的可靠性或可信赖程度进行分析和分级的方法，

① Jim Underwood. Competitive Intelligence [M]. Oxford : United Kingdom Capstone Publishing Ltd., 2002:41-43.

② 张晓军，任国军，张长军等. 美国军事情报理论研究 [M]. 北京：军事科学出版社，2007：58.

③ 同①。

其也划分为五级：

1＝最精确和真实的信息，

2＝大体真实的信息，

3＝可能真实也可能不真实的信息，

4＝基本不真实的信息，

5＝明显不真实的信息。

两种评级系统被结合到一起为可视化竞争情报服务团队提供一种用于评估情报源和信息的可信度等级的共同语言。例如，A-1 级意味着情报源非常可靠，来自该情报源的信息最有可能精确和真实；A-3 级表示尽管情报源非常可靠，信息却是可疑的或者分析家有理由质疑信息的可靠性。

根据扫描范围，可以将环境扫描划分为微观扫描和宏观扫描。微观扫描的范围是市场竞争参与者，而宏观扫描的范围则是社会和国家层次的技术、经济条件，政治和政府管制环境，以及社会与人口统计趋势。为了保证环境扫描的系统性和条理性，并尽可能避免重复劳动和扫描漏洞，需要对扫描范围进行合理划分。

微观扫描可以迈克尔·波特的五力模型为依据，将扫描对象分为竞争者、客户、供应商、潜在进入者以及替代品。由于价值链是企业信息的承载体系和传输渠道，各种价值活动的相关信息分布在价值链的各个阶段，并依托价值链所构造的信息网络不停地进行着传递和交流①，因此分别以各竞争参与者的价值链为主线开展信息采集、筛选和分析工作，沿着价值链追踪各市场竞争参与者的信息流，必将获得对各竞争主体深刻的认识。以五力模型为经，以价值链模型为纬，可以形成微观扫描体系。

宏观环境扫描则可以根据宏观环境分析法对政治与法律、经济、社会文化以及技术四个领域开展信息搜集工作。在政治与法律环境中，需要掌握政府的目标、施政纲领和政策、相关的法律法规体系以及外交方针与政策等。政府政策可以是市场进入时一种非常重要的壁垒，为了保护某种产业，政府可以通过

① 张锐，张兵．价值链分析对战略规划的意义［J］．社会科学家，2005(3)：163-164.

法规、补贴或其他方法限制甚至封锁潜在进入者的进入，弱化替代品的威胁。经济环境中的经济形势、国民收入、人们的购买力等信息可以引导企业的竞争方向。技术环境中技术的发展与运行、新技术的出现与影响等情况，影响并改变着企业的运行基础。社会文化环境中不同国家之间在生活方式、价值观、风俗习惯、宗教信仰、文化传统以及社会舆论等方面的差异，对于跨国经营企业来说既存在着机遇也存在着陷阱。宏观环境是企业经营与竞争的大背景，虽然相对于微观环境来说具有一定的稳定性，但仍存在着不可预知的并有可能为企业带来致命危险的因素或变数，尤其是政府政策的变动情况与技术的不断进步。因此，对宏观环境的扫描也是可视化竞争情报服务环境扫描系统中不可缺少的重要的组成部分。

环境扫描不仅能够保持信息更新的及时性，还能够保证扫描对象与被搜寻的情报之间的连续重组，从而有利于竞争趋势和关联的发现。可视化竞争情报服务中的环境扫描应该尽量覆盖所有能够获取的信息渠道和扫描范围，以便于企业提前针对这些状况采取措施，提高企业面对变化时的反应速度。而且环境扫描阶段的结束并不意味着环境扫描活动的结束，可以说环境扫描活动贯穿于整个可视化竞争情报服务开展过程中。为了应对环境扫描阶段之后的突发性事件并保证后续阶段的情报需求，情报搜集团队仍需要继续开展环境扫描活动。

三、竞争事件识别

竞争事件是指在企业决策过程中需要填补的情报缺口，或可能对企业的经营与竞争产生某种影响的事件、关联，或某种变化与趋势等。一种问题往往会涉及一定程度的冲突，因此即使是在优秀的企业中，也会产生压力、混乱和忧虑。某种事件对企业来说是产生积极的还是消极的影响，企业在冲突中是获胜、失败还是仅仅能够生存，则由事件的性质和企业对事件的理解程度来决定。事件的性质是客观存在的，面对竞争事件，企业所能改变的则是自己对事件的理解与把握情况。为了保证企业能够在动态多变、问题丛生的竞争环境中及时、有效地解决或利用竞争事件，可视化竞争情报服务首先需要做好竞争事件识别工作。竞争事件识别是指从发现并提出事件，到经过事件理解与定义得到事件描述以及事件假定的一系列过程。识别了竞争事件，也就明确了开展进一步的情报活动的目标和方向。

（一）竞争事件的发现与提出

对竞争事件的发现主要有两种途径：一种是通过管理者在其管理与竞争实践过程中发现，另一种则是在环境扫描过程中发现。不论通过哪种途径发现的竞争事件，都需要由可视化竞争情报服务团队针对该事件做进一步的调研、分析，最终辅助决策者制定解决方案或向管理层提交预警或趋势报告。

1. 管理者发现的竞争事件

管理者发现的竞争事件，反映了他们在管理实践与决策过程中出现的情报需求，需要由可视化竞争情报服务团队予以解决。在日常的企业管理、市场竞争以及人际交往等各种行为活动中，管理者会发现各种事件，有些事件可以根据管理者自身的知识、经验以及分析技能等得到解决，有些则因为事件本身的复杂性和管理者自身能力的限制需要得到可视化竞争情报服务团队的辅助。

管理者能否向可视化竞争情报服务团队提出对企业经营和竞争有重要影响的竞争事件，除了与他们所遇到的事件的客观性质和管理者自身的事件解决能力有关之外，还与管理者对事件的威胁认知有重要关系。管理者对他所遇到的事件首先会经历一个认知过程，即经历事件给企业造成什么影响，以及事件解决条件与自我能力匹配程度的分析过程。管理者如果认为该事件对企业的影响不大，或者该事件对企业的影响虽然比较大，但依靠自己的知识、经验以及管理与竞争技能能够解决，就不会将该事件提交给可视化竞争情报服务团队处理。只有当管理者认为该事件对企业的生存与发展带来较大程度的震荡时，才会要求可视化竞争情报服务团队对该事件进行全面、深入的调查分析。因此，管理者的这种认知行为，在一定程度上会妨碍企业对某些事件做出适当的反应。当管理者对自己的能力匹配程度以及事件的影响程度判断失误时，就有可能延误甚至是错失最佳反应时机，给企业造成严重损失。

由于管理者的威胁认知导致的竞争事件识别失败，虽然可以通过管理者知识和经验的积累以及管理与竞争技能的提高而尽可能地减少，但却无法彻底避免。因此，为了弥补管理者事件发现中存在的这种缺口，可视化竞争情报服务团队在辅助解决管理者发现的竞争事件的同时，还应通过环境扫描，主动发现企业内外部环境中存在的各种竞争事件。

2. 环境扫描发现的竞争事件

可视化竞争情报服务团队通过环境扫描，对整个竞争环境和企业战略进行连续不断的监视，这样做不仅是为了充实情报库，更重要的是发现竞争机会和威胁及其先兆信号。扫描过程中很有可能会有一些意想不到的发现，如异常、不同信息之间的联系等，或一些新的搜集方向。因此，在环境扫描阶段，不能只是简单地收集信息，还应对收集到的信息展开定性和定量的分析、判断。在环境扫描过程中发现的竞争事件，可以说是环境扫描的一种成果。而这种环境扫描过程，实际上也是对企业经营与竞争的一种预警过程。

为了能够在环境扫描过程中有效地发现竞争事件，需要加强情报搜集团队与情报整理和分析团队之间的互动，使情报分析与环境扫描联手进行，直到获得令人满意的记录，或者证明不能再取得进一步的进展。情报搜集团队应将在环境扫描过程中得到的信息迅速、及时地传达给情报整理和分析团队，并将信息合理归位于可视化信息展示系统，以利于竞争事件的分析、挖掘。如果将竞争情报分析过程置于环境扫描完成之后，就很可能延误事件解决的时机，或者与那些不同寻常的发现失之交臂。同时，在环境扫描阶段进行竞争情报分析，除了便于从环境扫描中及时发现竞争事件之外，还可以填补环境扫描计划产生的数据缺口，完善环境扫描体系。与情报分析形成的这种良性互动，使可视化竞争情报服务的环境扫描形成了一种“滚雪球”似的信息占有机制，促进了企业对竞争生态系统整体性和历史性把握，并增强了早期预警能力。

管理者对竞争事件的发现与环境扫描对竞争事件的发现是两个相互独立的

过程，在这两种发现事件的过程中，可视化竞争情报服务团队发挥了不同的作用：对于前者是决策辅助，而对于后者则是战略预警。由于这两种过程对事件的了解尚处于初始阶段，因此它们发现并提出的事件仅是一种模糊的概念。为了使可视化竞争情报服务参与者形成对事件统一的理解，并使事件解决过程的方向更为明确，还需要确切地将事件表述出来，即事件描述。

（二）事件描述

事件描述是在管理者或环境扫描过程发现并提出竞争事件后，可视化竞争情报服务团队召集相关人员以当前掌握的信息以及对该事件的认识为依据，对该事件做进一步的清晰化表示。

1. 事件描述的目的与作用

事件描述的主要目的就是加深对竞争事件的理解，尽可能发现事件所涉及的各个方面，为后期的事件跟踪提供指导。刚发现事件时，发现者对事件的理解尚属于依据个人所掌握的信息、知识、经验等得出的一种主观推论，还没有形成对事件客观、全面的认识与理解。如果在事件出现时过于相信提出者对事件的了解程度而不对事件做进一步描述，并直接进入确定应对措施与行动阶段，将会带来两方面的问题：一方面，这种行动计划将仅仅以一种初始的、狭隘的视野和历史心态为基础；另一方面，企业管理层倾向于用已经做得很好的行动填补他们的计划，因为他们认为这些行动总是最有效的。

为了避免资源浪费，在确定行动计划之前，首先要对事件进行合理的描述与定义。事件的描述过程可以促进描述者对事件展开多角度、多层次的讨论与分析，从而有利于识别事件的真正核心。其次，事件描述要明确，要建立统一理解而有利于各参与者之间、参与部门之间的沟通与交流机制。对事件正确、统一的理解是成功地找到事件解决方案的基础。最后，对事件描述的可视化显现，有利于问题聚焦，并保持行动参与者的注意力以及各种相关活动的焦点始终聚集于待解决的竞争事件。而且，这种事件的可见性，也有利于成员对事件的本质和潜在的威胁达成一致。

2. 事件描述的内容

事件描述反映的是描述者对有关竞争事件的客观信息的掌握情况，不仅包括对竞争事件本身的理解程度，还包括关联信息、事件背景以及提出者三部分内容。

竞争事件是发现者以个人的经验和实践为基础，通过观察、分析得出的一种推论，因此在事件描述中应当把推导问题的这些依据，即关联信息表达出来，以便于人们对这种推导的合理性做进一步考核、验证。同时，这些关联信息是对竞争事件做进一步调查的跟踪线索，反映了竞争事件发展变化的趋势。

事件背景是指事件存在的环境条件。竞争事件是在某种环境背景下，从对关联信息形成的一些现象的解释中得出的。问题背景反映了竞争事件产生的根源或引发该竞争事件的动机，决定了竞争事件对企业产生的影响。对竞争事件背景了解得越透彻，问题解决的方向就越明确，分析事件的视野也就越宽，最终取得的事件解决方案效果也就越好。

提出者是发现并指出竞争事件的个人或团队。对提出者的记录，便于事件解决过程中随时向提出者做进一步的了解。而且，当提出者是企业管理者时，还可以根据该管理者的工作性质为他提供有针对性的解决方案。同时，这种记录也是对事件提出者的一种表彰，有利于激发企业员工发现并提出事件的积极性，增强企业人员的问题意识。此外，可视化竞争情报服务团队还可以利用历次的事件描述记录，分析事件提供者的工作性质和个人背景等与他所提供的事件类型和性质的相关性，对这种规律的考察，可以指导事件收集工作。

3. 事件描述的原则

为了恰当地描述竞争事件，可以组织一个专家团队，在由专家团队对竞争事件的关联信息和事件的背景进行拓展分析与探索之后，将事件提出者提供的初始问题做清晰化、具体化处理。专家团队成员除了相关的可视化竞争情报服务团队成员之外，还应包括企业内部涉及或可能涉及竞争事件的部门的管理人员。组建这种跨职能部门的事件描述团队，有利于从多种角度考虑竞争事件。

事件描述者的多样性，可以说是事件描述应遵循的一项原则。除此之外，对竞争事件的描述还应遵循自明性、适度性、导向性和动态性四项原则。

自明性是指对竞争事件的描述必须明确，在传达过程中不需要经过人为解释就能让接受者理解事件的内容，并认识到事件的重要性。这就要求专家团队在描述事件时不仅要选择最合适、最恰当的语言，同时还要考虑不同的利益相关者对事件的理解角度。自明性是保证竞争事件能够在事件解决参与者之间自由流动的重要前提。

适度性是指对于事件轮廓的界定应在宽泛和约束之间达到合理平衡。事件描述过于宽泛容易引起歧义，而限定过多又会束缚参与者的事件解决思路。企业遇到的竞争事件一般都具有多维性，需要从多个侧面展开分析才能挖掘事件的真正内涵和影响。任何成功的解决方案都是建立在对事件全面、多角度理解的基础之上的。为了避免歧义的产生，必须花费时间确定并展示经过专家团队思考、协商的事件描述。因此，事件限定的适度性决定着竞争事件的解决过程能否顺利开展并获得有效的解决方案。

导向性是指事件描述应能提供事件的各种关联以及可能趋势，为参与者指明能够解决该事件的可能方向，为事件跟踪人员指明针对该事件开展进一步信息搜集的方向。事件描述的导向性决定着事件解决过程的走向，同时也决定着事件描述在事件解决过程中的重要地位。

动态性是指事件描述应动态地定期更新，以反映最新见解，以及事件自身的变化。随着事件解决过程的开展，参与者对事件的了解也会不断深入，对事件的看法也会不断发生变化，甚至对事件的定位有时也会发生变化。为了及时统一对事件的理解，企业需要根据事件解决的进展情况及时召集相关人员重新描述事件。

（三）事件假定

事件假定是对竞争事件可能产生的战略影响进行的推测。竞争事件中蕴含着战略机会或威胁，对竞争事件的识别不能只关注事件本身，还应关注它对组织的重要意义。曾在美国中央情报局任职的乔治·梅森大学教授戴维·A.舒姆在《情报分析的依据与推理》(1987)一书中，对情报分析过程的解构中指出，分析者必须在搜集解决问题的信息之前，借助假定的方式对结论做出预测[①]。他认为这种以假定、推测、猜测或预感等形式出现的预期可以指导分析者到哪里搜集资料以及搜集哪些资料。虽然预期可能与结论相差很大甚至截然相反，但是没有假定便无法形成推理的过程。

事件假定可以“如果问题的某种情况出现，将会对企业造成什么影响”“在某种情况下，竞争对手将会采取什么行动”等，即“What if”的形式出现。针对竞争事件，可视化竞争情报服务的专家团队应同时设置多种假定，然后根据这些假定开展事件的跟踪、分析。在事件解决过程中，对这些假定进行验证，并逐一排除无法通过检验的假定，随着事件解决过程的进展而缩小假定范围。同时，在事件解决过程中也可能会发现原有假定都不适合，这就需要专家团队以对事件的掌握情况为依据做出新的假定。事件解决过程实际上就是一种以大量的信息为基础，利用合适的推理方法（主要是战争游戏法）检验事件假定的过程。

企业的竞争事件识别是可视化竞争情报服务运行的基础。竞争事件不一定由决策者提出，可视化竞争情报服务团队应根据环境扫描结果适时启动事件分析与解决过程，主动向决策者提供决策辅助和预警信息。战争游戏开展周期的确定与竞争事件识别的周期有很大关系，竞争事件的性质决定着是否需要开展战争游戏。

---

① 张晓军，任国军，张长军等. 美国军事情报理论研究［M］. 北京：军事科学出版社，2007：116.

四、事件监控

（一）事件监控类型

事件监控也可以称为事件跟踪，其目的在于汇集充足的数据、信息，以辅佐问题的分析、评价，以及解决方案的制定。事件监控过程中伴随着信息的搜集、整理以及分析与解释，最终将得到对竞争事件更深层次、更全面的理解。利亚姆·费伊将监控分为指导式监控和开放式监控两种①：指导式监控基于预先确定的理由，追踪竞争者所做的特定类型的改变；而在开放式监控中，主导假定分析人员不知道应该监控的对象是谁，或者不知道可以通过监控特定竞争者的改变学到什么。他认为这两种监控都受具体问题的引导，或者是受扫描过程中产生的各种直觉的引导。在可视化竞争情报服务开展过程中，根据监控活动的目的性，也可以将事件监控划分为指导式事件监控和开放式事件监控两种。

指导式事件监控发生在竞争事件识别之后，关注竞争事件特定方面的数据和信息，是一种深层次的信息搜集行为。为了保证在信息综合阶段编制的战争游戏脚本的客观性、真实性，应尽可能充分地了解竞争事件涉及的各方面的相关信息。如果信息掌握不足，则需要以信息缺口为目标，展开有针对性的信息搜集活动，即展开指导式的事件监控。如果在环境扫描阶段得到的及其原有的信息积累已经相对充分，完全满足游戏脚本编制的要求，则可以跳过事件监控阶段而直接开展信息综合工作。在指导式事件监控中，监控人员有很强的目的性，就是为了获取有关竞争事件的某种数据或信息。

开放式事件监控是在竞争环境变化迅速、竞争事件不断发生变化的情况下，贯穿于整个事件解决过程的一种信息搜集行为。为了随时了解竞争事件的最新信息，掌握更多相关信息以利于事件解决方案的制定，在指导式事件监控之后，

① 利亚姆·费伊．竞争者：以才智、谋略与绩效制胜［M］．朱舟，译．北京：中国人民大学出版社，2004：76-81.

搜集团队也需要密切关注竞争事件变化情况。对竞争事件的监控活动应贯穿于事件解决过程的始终。在开放式事件监控中，监控人员对竞争事件开展全方位的监视，而没有特定的方向。当时间的改变和环境的变化对竞争事件的性质影响不大时，开放式事件监控就可以由指导式事件监控所替代，即根据事件解决过程中参与者的情报需求开展信息搜集活动。

（二）事件监控方法

事件监控的开展，除了可以利用常规的信息搜集方法，如针对该事件的访谈、问卷调查、实地考察、数据库检索、互联网搜索等之外，还可以利用一种非常有效的搜集会议或会展情报的方法——四分卫法。“四分卫”一词最初来源于橄榄球运动，是最重要的队员的名称。在橄榄球比赛中四分卫指挥全队的进攻行动；在情报领域中，四分卫法是指由一个经验丰富的情报专家担任四分卫，领导一个由分析员和搜集员组成的信息搜集团队，对搜集目标开展的有针对性的搜集活动的方法。四分卫活动的开展过程主要由会前准备、会中情报搜集和会后总结三个阶段的活动组成。

四分卫会前准备活动流程如图 4-3 所示。

图 4-3 四分卫会前准备活动流程

情报需求是指可视化竞争情报服务所需要的，而企业有可能从即将发生的会展或会议中获得的、用以弥补所监控事件认知缺口的信息。满足情报需求正是开展四分卫活动的目的。根据情报需求识别出掌握所需信息的参会人员，以及能够接近这些人员并乐意为可视化竞争情报服务工作充当“线人”的企业内外部人员之后，四分卫团队便开始考察会展或会议所安排的各种正式与非正式活动，以安排“线人”参加目标所参与的活动并搜集信息。在四分卫活动正式开始前，对“线人”进行必要的人际沟通与信息搜集技巧（如诱导法）等方面的培训，并对可能采取的行动进行预演是十分必要的。同时，还应让“线人”明确了解信息需求，作为他们的行动导向。为了便于会展或会议现场内外人员的即时沟通，需要在会展或会议附近利用宾馆房间等设置四分卫活动的指挥和控制中心。因此，四分卫团队还需要在会展或会议开始前查看地形，以选择最有利的位置，并配置必要的设备，如泡沫板、笔记本电脑、录音笔、数码相机、便携式打印机等辅助四分卫活动的开展。

在会展或会议过程中，正式开展的情报搜集活动是四分卫、搜集员、分析员、“线人”及目标这五种角色的一种互动过程，互动关系如图 4-4 所示。

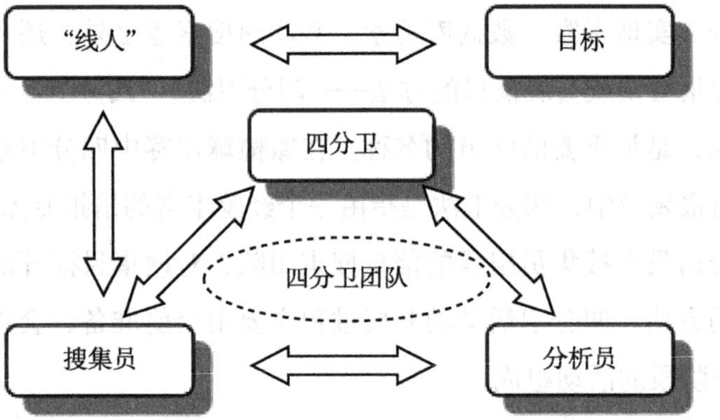

图 4-4　四分卫团队情报搜集活动中各角色的互动关系

会展或会议开始后，四分卫团队便根据目标在会展或会议中的具体活动为“线人”设计互动和情报搜集行为，并由搜集员传达给“线人”。“线人”在同目标的交谈与互动中，利用各种交际与信息搜集技巧努力获取四分卫团队需要的信息。由于现场情况不断发生变化，很有可能会突然出现一些意想不到的问题。因此，在“线人”与目标的接触过程中，还需要注意根据实际情况调整互动与信息搜集行为。这种调整，在紧急情况下需要训练有素的“线人”随机应变，在时间许可的情况下则需要四分卫团队统筹安排。“线人”在与目标的交谈和互动过程中，需要随时向搜集员汇报进展情况。分析员则根据“线人”的报告提出后续问题，并由四分卫团队为该“线人”或另一个“线人”设计新的互动与情报搜集行为。在四分卫活动开展过程中，为了便于观察、分析，所有行动过程以及所获得的信息都粘贴在泡沫板上。通过泡沫板，四分卫团队跟踪监测即将开始的行动、目标和“线人”的位置以及他们的互动情况。在与每个目标的互动活动结束之后，“线人”还需要向搜集员做简要报告。

会展或会议结束后，四分卫团队开展活动后总结与经验学习，对此次四分卫活动获得的有关监控事件的信息进行归纳、总结并编写分析报告，提交给可视化竞争情报服务团队。该服务团队根据此次活动总结四分卫活动技巧，并将活动中取得的成绩以及存在的不足粘贴在泡沫板上，以利于讨论和学习。

（三）事件监控成果

事件监控，实际上是一种利用证伪方法对事件假定进行初步检验、筛选的过程。通过事件监控，可以获取更多的有关竞争事件的信息，只要有一条信息证明事件假定不成立，则该假定就被证伪。不管同时有多少情报资料支持该假定，都必须毫不犹豫地否定它。通过事件监控，可以形成对竞争事件比较全面、深刻的认识。而对竞争事件认识的更新与深入，会伴随着对事件假定的判断、修改与调整。

对于监控成果，利亚姆·费伊将其分为三类：其一，对趋势、模式和事件发生顺序的描述，其中有些描述接下来会成为预测的关注点；其二，基于某些监控，可能发现竞争者改变的其他一些方面需要被监控；其三，监控有时指出了某些需要进一步扫描的领域。可视化竞争情报服务的事件监控活动的最终成果主要有：（1）竞争事件的产生基础，即竞争事件出现所必须具备的各种条件或催生竞争事件的事件；（2）竞争事件的可能进化路径，指在各种可选择的条件下，竞争事件可能的发展方向和轨迹；（3）竞争事件对竞争环境已经造成或可能造成的影响，如市场进入壁垒的降低或增加、竞争激烈程度的升级、出现新的市场利基、客户市场的重新分割等；（4）其他竞争参与者对竞争事件已经采取或可能采取的行动等。根据事件监控成果，可视化竞争情报服务团队进一步判断该竞争事件的性质，并计划下一步活动的开展方案。而是否将监控提升为一种正式的跟踪研究则取决于正在发生或预计发生多大的变化，以及竞争性活动的强度[①]。

事件监控是基于某种决策需求，针对特定竞争事件开展的情报搜集活动，因此此阶段的信息搜集的方向比较明确。当企业所处竞争环境变化比较迅速时，在事件监控阶段，应通过环境扫描活动来监视整个竞争环境的状况。因此，进入事件监控阶段之后，企业就需要将情报搜集团队分成两组，一组负责整个竞争环境的扫描；另一组则针对已识别出的竞争事件进行监控，在整个事件解决过程中为相关人员提供信息支持。

五、信息综合

信息综合是指整合各种来源的数据和信息，并进行初步阐释。本阶段的主要任务是对环境扫描和事件监控阶段得到的有关竞争事件的信息进行初步分析，并为战争游戏的开展编制脚本，利用各种方法将从各种渠道搜集到的有关竞争事件和相关竞争态势的数据、信息整合成一个竞争故事。

可视化竞争情报服务团队分析和讨论搜集到的情报并初步形成一些判断与结果。他们将搜集到的信息分类，并根据竞争事件的性质，按一定的逻辑流程将这些信息张贴在可视化竞争情报服务室的墙壁上。在对信息的梳理过程中可能会发现尚存在一些缺失或模糊信息，可视化竞争情报服务团队可以在战争游戏过程中继续监控或通过现有信息之间的关联推证缺失。而对于各类冗余数据和信息，则需要做好评估和验证工作。

可视化竞争情报服务室内通常使用 4 英尺 ×8 英尺（1 英尺 =30.48 厘米）大小的泡沫板，里面可能有 10 ~ 20 个这样的板子。通过可视化竞争情报服务室，团队可以很容易地观察问题并了解问题的全貌。这可以说是一种“墙上工作（working–on–the–wall）”方式，人们根据墙壁上展示的信息内容进行思考讨论，并将各个工作阶段的成果展示在墙壁上。同时，为了最大限度地提高团队

① 克里斯 · 韦斯特. 商业竞争对手的情报搜集、分析、评估［M］. 北京世纪英闻翻译公司，译. 北京：中国商务出版社，2004：34-49.

的效率，可视化竞争情报服务室内的空间和设备应根据人脑信息处理能力以及人类工程学原理进行布置。服务室中的信息结构和信息展示应该基于人脑吸收、分析信息的工作原理，而室内的设备配置则需要根据人类工程学原理，通过对人的生理和心理分析，使室内环境因素适应团队活动的需要，以提高团队的工作效能。

最初，板子上主要是通过环境扫描和事件监控得到的数据、信息。随着团队分析和对竞争事件认识的深入，这些数据和信息逐步被团队的讨论、分析、论点和结论等资料所代替。同时，反映新问题的板子也随之增加。随着时间的推进，团队产生的资料占据了主导地位。

当可视化竞争情报服务团队对竞争事件的理解比较成熟时，他们便开始了游戏脚本的编制工作。游戏脚本是对竞争环境和态势以及竞争事件的详细描述，即在特定背景下开展的战争游戏的故事情节。在军事作战模拟中，脚本包含两种类型的信息：一般情势的信息和专门情势的信息①。一般情势的信息是提供给所有局中人和参加者的，通常包括每边部队的配置，导致敌对行动的背景事件，冲突场所和发生时间方面的细节。专门情势的信息是提供给某一方的所有成员或指定成员，如某个指挥官所指挥的军队及其位置，他卷入冲突的准确时间，冲突发生时他所处的环境，以及他与对方军队发生冲突获得的或者通过情报活动获得的有关对方的信息。商业战争游戏法是作战模拟的管理复制品，战争发生在市场而不是战场。

在商业战争游戏中，游戏脚本描述竞争环境中的一般竞争形势以及与竞争事件有关的初始竞争形势，勾画出竞争事件的缘起，并说明各竞争参与者的相关情况。商业战争游戏脚本可以分为单一脚本和多重脚本两种②。单一脚本试图追踪一个变量（如产品销售），而多重脚本追踪多种不同的变量（如经济驱动力、政府行动、竞争对手、市场价格变化等）。单一脚本最主要的特点：通常是学习导向的而不是战略导向的。多重脚本往往范围比较宽泛，因此能够连续建

① 王寿云．现代作战模拟［M］．上海：知识出版社，1984：22.

② Jim Underwood. Perspectives on War Gaming［J］. Competitive Intelligence Review, 1998, 9(2):46-52.

立不同时间段的可能描述。在游戏开展过程中，所有团队共同行动，且都没有完整的信息，希望了解竞争对手将来的计划和正在做的事情，或者到底有什么不可控因素正在发挥作用。仅仅在一个循环完全结束后，每个团队才知道他的决策和行动与战争游戏中其他所有因素一起造成的综合影响。

六、行动预演

实际上，竞争情报的各种分析方法都可以在可视化竞争情报服务工作中得到运用，如 SWOT 分析法、价值链分析法和定标比超分析法等，但可视化竞争情报服务是为了处理高度复杂动态的竞争问题而设立的、高度互动的、基于团队的情报分析工作，运用较多的是战争游戏法等预演行动进程的非线性预测方法。战争游戏法是利用角色扮演方式模拟竞争互动的一种预测与辅助决策方法，是可视化竞争情报服务中的核心情报分析方法。战争游戏法是一种非线性分析预测方法，可视化竞争情报服务也是一种突破常规思维的工作方式，二者的有效结合可以最大限度地发挥各自的效力。我们可以根据以下几个关键问题判断企业要解决的问题是否适合开展战争游戏[①]。

（1）企业环境不断发生变化。

（2）企业面临新形式的竞争，或者面临新的强大竞争对手，尤其是不按常规出牌的对手。

（3）过去为企业带来成功的战略已经过时，不再有效。

（4）对于企业的新战略方向缺乏一致性认识。

（5）企业的领导团队过于自信。

（6）企业有大量关于市场和竞争对手的数据与信息，但是不知道如何处理。

（7）企业不同的部门或单位之间通信不畅，或仅以自身绩效最优的方式操作，不惜损害别人的成果。

---

① Jay Kurtz. Introduction to business wargaming [J]. Competitive Intelligence Magazine, 2002, 5(6): 23-28.

战争游戏是在仿真的产业环境中，让竞争对手、客户、新进入者执行它们的战略。通过这一套规则，我们可以研究各个环节的相互关系，探讨战术，以此完善和发展企业的成长战略。战争游戏主要有以下六个环节。

1. 角色指派

战争游戏是一种动态竞争环境的角色扮演模拟活动，企业需要寻找合适的参与者扮演竞争者、重点客户、重要供应商甚至政府监管机构。参与者要从所扮演的角色的立场出发，以他们在现实中的行事风格开展游戏。因此，战争游戏互动开始前，参与者需要深刻理解角色。同时，战争游戏的顺利开展还需要两种非常重要的角色，即协调组和裁判组。他们不参与游戏，但却是游戏顺利进行的推动者，以及游戏有效性的裁定者。

协调组由可视化竞争情报服务团队的基本成员组成。可视化竞争情报服务团队的基本成员指负责整体规划、情报搜集、信息技术指导、初始分析等的常驻人员，主要包括可视化竞争情报服务团队的领导者、情报收集员、信息分析师、信息技术专家和竞争情报专家等。协调组在战争游戏过程中不扮演任何角色，它主要有以下作用。（1）防止跑题，避免参与者陷入没有方向、没有边际的头脑风暴，并在战争游戏出现群体思维迹象时及时地为参与者敲响警钟，以推动游戏沿着正常的战略轨道运行。（2）纠错。协调组以中立、客观的态度指出参与团队在逻辑上的错误和疏漏，质疑他们的潜在假设，并对带有情绪化的争执予以制止。（3）负责战争游戏的准备工作。在确定采用战争游戏法开展情报分析工作之后就开始准备工作，其中主要包括根据搜集到的情报编写游戏脚本、配置必要设备和工具，以及选拔角色扮演者等。（4）设定市场变化情境。协调组在每轮游戏结束之后引入一种市场变化，这种变化可以颠覆战争游戏前半阶段所达到的战略平衡，并以此检验企业战略张力。

裁判组负责裁定扮演竞争者、重点客户、重要供应商以及政府监管机构等参与组制定的战略的可行性，评估提出的合并或收购的可行性和影响，观察和评论各角色扮演组的动态。在特殊的情况下，还可以安排角色扮演小组人员的调动。裁判组决定每轮游戏结束时各竞争团队相关资源的增减以及市场的反应。

2. 态势描述

此环节的态势描述是指向参与者描述组织面临的竞争环境和竞争形势。虽然游戏脚本在开始之前就已经准备好，但应该在角色指派之后再向参与者介绍竞争态势，因为参与者潜意识中的角色定位会影响他们对竞争形势所形成的假设[①]。

为角色扮演者准备的态势描述应该精确、综合且简要。描述应该包括有关各参与者及其目标的信息，以及各方关系、现有地位、未来关系预期、互动本质、需要做出决策的特殊问题等信息。但是由于角色扮演者的记忆力限制，态势描述需要简明扼要。当然，态势描述是否准确到位，取决于可视化竞争情报服务团队对前期的情报信息的初步分析。

态势描述的框架设置非常重要，战争游戏应该从各个方面准确地表现企业自身。战争游戏必须使用严格的分析框架，否则会将内部偏见、过时的信念以及企业自身的做法强加到战争游戏中。迈克尔·波特的五力分析模型是非常理想的态势描述框架。五力分析模型指出有五种力量影响产业的竞争态势：现存竞争对手、新进入者的威胁、替代品的威胁、买方力量和供应商力量。这五种力量组成一个竞争生态系统，并影响着整个产业。如果其中一个或一个以上的力量发生变化，那么企业就必须迅速行动以应对这种变化。用五力分析模型框架进行态势描述，有利于游戏参与者把握并洞察竞争态势。战争游戏的框架还有很多，不同目的的战争游戏需要不同的框架，最主要的是要为预测方式制定规则，并确保框架与战争游戏的目标相匹配。

3. 分析并提出第一个战略反应

每个团队分析并提出自己应对市场的战略反应。角色扮演团队可以根据迈克尔·波特的四角模型制定己方的战略。四角模型从四个角度剖析竞争者：（1）竞争者的驱动力是什么？（从不同的层面和尺度考虑驱动因素，可以对竞争者的未来目标有一定的认知。）（2）竞争者在做什么？什么是竞争者有能力做

---

① J. Scott Armstrong. Principle of forecasting: A Handbook for Researchers and Practitioners [M]. Massachusetts Norwell: Kluwer Academic Publishers, 2001: 13-30.

的？（3）竞争者的长处与弱点是什么？（4）竞争者的管理团队认定了什么想法？游戏参与者可以通过解释本企业的四角模型来说明本团队如何构建战略。

波特的五力分析模型描述了产业态势，四角模型则可以帮助企业构建竞争战略。通过对五力分析模型和四角模型的解释，每个团队都可以提出自己对市场的见解。游戏参与者需要真正把自己当作所代表企业的员工，从该企业的立场出发理解和分析波特的五力分析模型与四角模型。

4. 修改战略

各团队根据自己对本企业和市场的理解提出第一个战略，并向所有团队进行战略陈述。其他团队可以针对该团队的战略陈述进行批判。裁判组对该团队的陈述和其他团队的批判做总结陈词，分析利弊，并提出中肯建议。裁判组可以根据四个标准审查各团队的战略陈述：洞察其战略定位，列举准确的事实，创造性地提出新的战略，以及预见近期走向[①]。战略陈述完毕之后，各团队基于批判和裁判组的建议修改自己的战略。

5. 引入市场变化的情境

引入一两个惊人但合理的重大事件，通过极端但具有合理性的事件（如国际政治冲突导致的经济变化等）检验战略韧性和生存能力，即检验战略的张力。这种事件将会导致各企业检讨并反思自己的战略，迫使竞争者、客户、供应商和政府监管机构做出反应，从而研究设计更好的战略。这种事件也可能导致所代表企业之间的交易，诸如合并或者其他重大的事项变动。

6. 重组并评估自己的战略

针对市场和竞争对手的策略重新调整自己的战略，然后对自己的战略进行自我评估，深入思考战略的有效性和可行性，以及应对突发事件的能力（战略韧性和生存能力），随后交由专家评审。

典型的战争游戏通常有几“轮”，这些“轮”代表不同的时间单位，如月、季度或年；或者代表产品开发生命周期的阶段、并购计划、重要订单获取或其

① 伦纳德 M. 富尔德．商业情报密码：看穿混乱、失真、谣言和烟幕［M］．陈勇胜，陈飏，译．北京：机械工业出版社，2007：32-62.

他一些投资。根据战略计划的修订周期，我们可以将战争游戏分为以下几轮。

第一轮，各小组首先根据有关竞争环境的情报资料提出本组在一定时期内的战略，然后将新战略展示给所有组，同时各小组对其他组的战略进行批判并接受其他组对本组的批判，最后各小组根据批判修改战略。

第二轮，引入市场变化因素，各小组根据其他组第一轮的战略和市场变化重新调整自己的战略，随后进行战略展示、批判和修正。各小组可以设置各种假设情境，包括自己企业的客户增长、竞争对手的成长，以及新进入者试图攫取的市场份额。

第三轮，根据需要引入其他变化因素，重复第二轮。

……

七、专家评论

战争游戏结束之后，可视化竞争情报服务团队成员对战争游戏的结果和结论进行讨论。开始时这种讨论仅限于团队成员之间，随后邀请外部人员进入并针对竞争事件解决过程提供建议和想法。外部人员主要是竞争事件涉及领域的咨询顾问和企业高层管理者。

整个事件解决过程可视化地展现在可视化竞争情报服务室的墙壁上，咨询顾问和高层管理者据此可以很快理解事件概念，掌握事件解决思路，并在此基础上发表自己的见解、观点和看法。每位专家都可以按照自己的见解思考、分析，并在其他人的观点的基础上添加自己的想法，以完善竞争事件解决方案。专家评论也可以分为几轮，在每一轮中各位咨询顾问和高层管理者都将自己的评价标注于信息展示系统的相应位置，从而成为下一轮专家评论的基础。几轮下来，咨询顾问和高层管理者通过这种可视化信息展示形式实现了彼此之间的思维碰撞，并互相启迪、激发灵感。因此，这种专家评论过程也是一种头脑风暴和结构性对话过程。

头脑风暴法又称智力激励法，是一种激发创造性思想的卓越方法，旨在使预测者的思想从下意识束缚中解放出来，使潜意识跃迁为显意识①。头脑风暴鼓励无拘无束地自由思考，并通过一群人的交互作用来激发新思想的产生。可视化竞争情报服务的信息展示系统，以环境扫描和事件监控得到的有关竞争事件的客观现实以及信息综合和战争游戏阶段形成的事件解决过程为基础，激发参与评论的咨询顾问和高层管理者的联想反应，促使他们积极调动自己的知识库，在通过观点可见性实现的结构性对话过程中批评并逐渐优化竞争事件的解决方案。人们提供的想法越来越多，内容就会越来越详细合理。

专家评论除了可以征集咨询顾问和企业高层管理者的意见、建议之外，还可以向企业高层管理者宣传可视化竞争情报服务的成果，加深他们对可视化竞争情报服务重要性的认识，提高他们的重视程度。同时，高层管理者参与可视化竞争情报服务，还便于他们更深刻地理解竞争事件的内涵，以及竞争事件解决方案的操作程序。

八、评估修正

协调组根据专家评论结果对战争游戏结束后的报告和信息综合阶段初步分析得到的服务室内的墙壁主题内容进行评估与修正。通常修正仅限于对现有板子的变化（删除、修改或添加资料）。有时团队发现自己的观点发生了变化以至于最初的主题领域已经不再合适，有时还可能需要开发新的战争游戏领域。尽管开发新的战争游戏领域表明团队对事件有了更深的理解，但会丢失过程的历史记录。为了保存历史记录，可以建立电子版本，与泡沫板张贴同时进行。

经过评估和修正，将得出的竞争事件的最终解决方案提交给管理者，再由管理者将该解决方案投入实践。解决方案的实施是用事实对可视化竞争情报服务工作中通过战争游戏法得到的结论进行检验，同时要对实施进展情况进行监测，并对突发事件提出应对措施。

① 路林．“头脑风暴法”及其思维过程特征［J］．情报学刊，1989（8）：71-73.

在整个事件解决过程中，信息展示系统通过过程信息的可见性，在提高团队合作效率方面起着重要作用。在一般的情报分析过程中，有以下五种沟通障碍制约着情报团队个体之间的有效合作。

（1）信息传递问题，由于不同情报分析人员对事件的理解方式存在差异，他们之间的信息传递必然会存在一定的损耗。

（2）当前各成员工作进展情况的确定，因为各情报分析人员无法同时跟进其他情报分析人员的工作进展情况而使得相互之间的配合工作存在时差。

（3）冲突识别，不同的情报分析人员在不同的情报分析过程中可能会发生冲突，但由于不了解其他成员的当前工作进展情况而无法及时发现并解决冲突。

（4）重点领域聚焦，由于竞争事件的复杂性，情报分析人员始终聚焦到重要的方面或可能发生变化的领域存在困难。

（5）不同观点之间的转化，不同的情报分析人员对于竞争事件有不同的视角和观点。

可视化竞争情报服务则在整个竞争事件解决过程中，利用信息展示系统及时提供不同工作团队的最新进展情况，很好地解决了影响个体之间有效合作的沟通障碍，并为辅助适应性决策的制定，如迅速解决资源冲突或过程中突然出现的潜在问题，提供重要信息。利用信息展示系统，人们可以迅速了解对竞争事件的解决已经到了什么阶段。可视化竞争情报服务信息展示系统是解决如何将信息高效率地传达给受众的最简单也是最好的方式。

第三节　可视化竞争情报服务的过程管理

可视化竞争情报服务的过程管理主要是为了持续提高战略辅助功能而对可视化竞争情报服务的运行流程进行的完善与优化，以不断强化其流程体系。可视化竞争情报服务的过程管理可以从情报密集聚合与序化、情报分析与预测可视化、情报团队超级合作与互动，以及情报系统动态维护与调整四个方面着手。

而且，这种过程管理体系也是实现可视化竞争情报服务功能最大化所必须遵守的准则。

一、情报密集聚合与序化

情报密集聚合与序化是指对企业各部门以及可视化竞争情报服务团队获得的有关企业内部经营和外部竞争环境的信息，不断地存储、积累，同时经过筛选和分类，将有效信息整合、内化到信息展示系统，以便于竞争环境的跟踪、监视。这就使得信息具备高密度性和条理性，并将分散的信息片段聚集在一起，按照一定的规则组合、链接，向人们展示一个有关竞争问题的故事。而且，这种情报聚合与序化是一种渐进过程，反映着人们对竞争问题的认识历程。

情报聚合有利于形成信息的历史积累，从而使得情报工作获得时间上的连续性，形成对竞争生态系统的持续跟踪。这也是通过对信息的输入、分类、存储和利用实现对竞争生态系统演进过程的一种记忆功能。对竞争生态系统这种系统、连续的记忆，可以克服目前国内企业竞争情报工作以临时业务需求为导向、时空断层的弊端。通过连续不断地搜集和分析影响竞争生态系统发展变化的各种因素与条件，可视化竞争情报服务可以帮助决策者了解竞争参与者当前和未来在整个竞争生态系统中的竞争能力，对他们可能的行动方案做出预测和评估，并依此制定正确的竞争方案。这种“竞争态势准备”，可以有效降低竞争环境的不确定性，使决策者尽可能准确地预测整个竞争生态系统的发展趋势，保持本企业在市场竞争中的主动地位。

但是，情报的密集聚合不能无限制地接纳信息，还需要利用整合与内化，即情报序化，对信息进行去伪存真、去粗取精，以避免信息过载问题。信息序化是将竞争信息按照人们对竞争问题的认知过程组织起来，使无序的竞争信息变得有序，将零散的竞争信息归为系统。同时，在追加新信息时，还需要将新信息与原有的信息进行比较分析，以便将新信息合理分类并链接到合适的位置。可视化竞争情报服务的情报密集聚合与序化过程如图 4-5 所示。

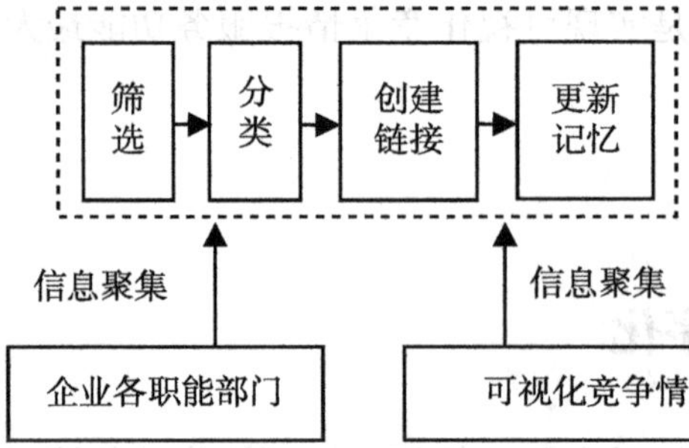

图 4-5 情报密集聚合与序化过程

这种情报密集聚合与序化功能，使得竞争情报工作真正成为企业感知内外部环境变化的中枢系统。当这个中枢系统处于良性运行状态时，企业就会对内部经营环境和外部竞争环境产生各种客观、合理的感性认识，保证企业的正常运转，并逐渐累积竞争优势；反之，企业就会产生扭曲、错误的环境认识，从而影响企业的健康发展。因此，为了尽量避免企业产生错误的环境认知，可视化竞争情报服务团队需要对情报密集聚合与序化过程进行严格把关，对每次吸收的信息进行多角度验证、审核。

二、情报分析与预测可视化

很多研究或设计人员可能有过这样的经历，在项目过程比较复杂的时候，将写满研究或设计过程的稿纸同时摊开，可以方便查阅并保持思路顺畅或进行前后对比。这种方法主要是通过信息的可见性减轻人脑记忆的负担，从而将更多的精力用于观察、分析，提高解决问题的效率。对于可视化竞争情报服务团队而言，为了让整个团队了解情报过程的前后关联，促进团队的沟通交流，需要利用可视化竞争情报服务机制将情报分析和预测的过程展现出来。可视化竞争情报服务团队将信息搜集、信息整理、信息分析以及战争游戏开展的过程，通过信息链接将图、表之类的可视化信息元素绘制在可视化竞争情报服务室的墙壁上，利用信息墙将情报分析和预测的过程可视化展现，这既有利于人们随时关注、分析和预测过程中的某个环节，也有利于追查某个问题的来源及走向。

信息墙及其展示的可视化信息，是可视化竞争情报服务室与普通情报服务室的重要区别之一。

搜集墙主要用来展示情报搜集的过程，包括情报需求、情报目标、情报源、搜集手段等。情报需求有两种，一种是决策人员的决策需要，另一种则是情报工作人员日常分析中发现的值得推敲的问题或弱信号等。情报目标是拥有企业所需信息的人或物，情报源则是可以接近这些情报目标的人。搜集手段则指情报源接近情报目标、获取所需信息的方法和途径。

整理墙展示的是搜集所得信息的序化结果，是整个事件或问题的客观显现。整理墙主要由图、表、符号、信息文字描述以及链接等可视化表述元素组成。信息整理工作需要由对这一事件或问题非常熟悉的企业管理人员，配合情报整理人员完成。情报整理人员拥有丰富的信息组织技巧，但与相关管理人员相比，他们对这一事件或问题的理解没有那么深刻，思考得也不一定很周全，因此需要这两类人员合作绘制客观、完整且易于理解的事件或问题的信息过程。

分析墙展示针对整理墙上的序化信息进行情报挖掘所得到的规律、问题、弱信号等发现，并将观点的推演过程显现出来，同时邀请团队成员共同推敲，寻找逻辑上的缺欠以及更加合理的证据，使推理更加严谨、结论更加可信。分析墙展示工作由情报分析人员和相关管理人员在整个团队的辅助下合作完成。

游戏墙展示战争游戏开展的过程，按时间顺序呈现各角色扮演小组在不同阶段的表现、制定的决策以及对他们的评论。竞争问题一般可以分为两类：预测性问题和反应性问题。预测性问题是指根据现行战略、现有资源以及目前的竞争状况，预测事态的发展情况，并提出改进措施。反应性问题是指针对目前已经存在的弱势局面或矛盾，提出解决方案。因此，战争游戏分为以主动进攻为目的的预测性战争游戏和以被动防御为目的的反应性战争游戏两种。

在可视化竞争情报服务工作开展过程中，四面信息墙并不是相互独立的，而是存在着互动与相互验证的关系。随着可视化竞争情报服务工作的深入，团队对竞争问题的认识也会越来越全面、深刻，会发现前面一些需要修补更正的分析漏洞。信息墙上的任何改动都会以备注的形式标记出来。可视化竞争情报服务工作的进程和团队的思维过程就是通过这四面信息墙展示出来的。系统思考加上可视化模型，可以有效激发人们的创造性行为，而不仅仅是适应性行为[①]。情报分析与预测过程的可视化，不仅为决策制定者展示了整个竞争情报过程和情报分析结果，同时还为他们提供了很大的发挥空间，他们可以根据自己的经验及对竞争形势的认识做出判断，并得出结论，从而有效融合竞争情报过程和决策过程。

三、情报团队超级合作与互动

为了在动态复杂的竞争环境中提高企业的预测水平，开展可视化竞争情报服务工作时，需要先从企业内部员工和外部相关人员中选拔具有相关业务知识与技能的人员组成情报团队，团队主要由图 4-6 所示的几部分构成。

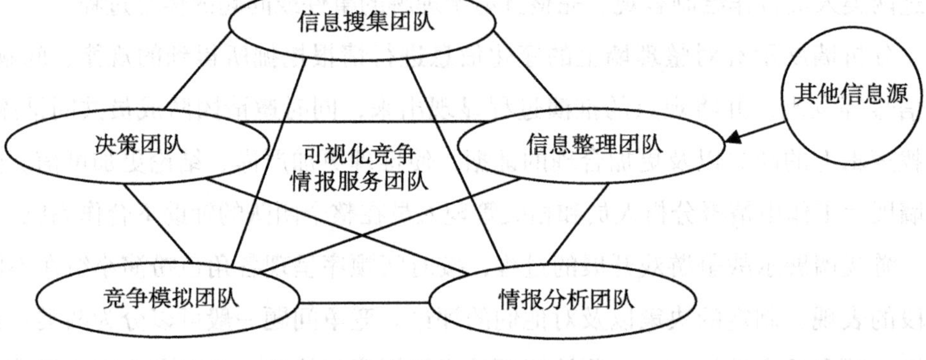

图 4-6　可视化竞争情报服务团队的构成及相互合作与互动关系

为了充分发挥和挖掘团队智慧，可视化竞争情报服务团队开展了超级合作与互动活动。超级合作包括两层含义。一是团队之间的合作不是简单的线性关系，而是一种网状的拓扑结构关系，各团队之间可以直接合作互动。战争游戏团队根据脚本展开游戏过程；与此同时，为了保证游戏的顺利进行，搜集团队随时准备进行信息搜集，以弥补信息缺口；分析团队和决策团队除了指导游戏

① 凯文·福斯伯格，哈尔·穆兹，霍华德·科特曼. 可视化项目管理［M］. 许江林，刘景梅，译. 3版. 北京：电子工业出版社，2006：8.

进程外，还通过对游戏过程与结果的分析，考虑现实竞争路径，确定决策方案。在游戏进行过程中，决策团队和分析团队完全可以根据在游戏中激发出来的信息需求向搜集团队提出搜集请求，或者要求整理团队按照某种新标准整理信息；游戏团队也可以随时向搜集团队提出信息需求。二是这种合作互动关系是与现在的网络远距离通信合作以及普通的集中办公相比较而言的。虽然现在的通信技术很发达，可以语音、视频，还有文本信息的即时传输，真正实现了天涯咫尺，但对于需要团队共同合作的复杂项目来说，这种方式无法实现将所有人的运行过程同时展示给所有人的功能，这种功能只有传统的集中办公方式可以实现。可视化竞争情报服务工作就采纳了这种集中办公方式，但与集中办公相比，它不是简单的面对面地分工合作，而是一种思维合作，它不仅将团队成员集合在一起，而且通过信息可视化和思维过程可见性将他们的智能融合在一起。从这种意义上来说，可视化竞争情报服务工作中的合作主要体现在以下几个方面。

1. 共同场所

可视化竞争情报服务为情报工作人员和决策人员提供一个共同的物理环境与竞争信息中心，有利于为所有的参与者提供即时信息，并培养他们合作的默契和相互之间的信任。为了某个问题或项目安排相关人员共处一室，有利于他们接近拥有相关信息的参与者并与之展开互动。可视化竞争情报服务为解决企业竞争问题提供了一个共同的平台，当企业管理者面临问题和困难的时候，知道在哪里能够迅速有效地找到解决方案。在可视化竞争情报服务开展过程中，各团队都能看到彼此的工作过程和成果，可以互相促进并激发灵感与创造性。

2. 通畅交流

快速有效地解决问题，不仅仅取决于参与者个人的能力，还与团队交流是否充分和到位有重要关系。可视化竞争情报服务利用通用语言和面对面实时交流这两种主要手段实现通畅交流。可视化竞争情报服务中的通用语言是指通用的竞争和情报术语，以及信息逻辑流程图中的符号、图案等；在处理某个问题时，也可根据问题特征选择采用统一的方法。这样可以使信息表达得更加明确，极大减少相互沟通中含糊信息和歧义的产生。另外，远距离的网络沟通，虽然可以达到传递消息的目的，但在讨论棘手问题的时候，有些意会而不可言传的思想的传送则遭遇困难。面对面的实时交流，不仅可以利用书面和文字语言，还可以通过肢体动作沟通思想，一个意会的眼神都有可能促进相互之间的默契。而且，一旦发现问题，就可以立即展开面对面的讨论，消除时滞影响。

3. 思维共享

在可视化竞争情报服务室中，大家集中在一起办公，随时都可以看到彼此的思维过程和成果，彼此之间时刻都在相互激发创造火花。可视化竞争情报服务室中产生的信息、知识以及观点、见解等，以一种可见的方式展现在问题解决团队所处的物理空间，有意或无意地渗入并潜移默化地影响着团队的信息结构，进而影响问题解决的过程和结果。可视化竞争情报服务工作中的这种思维共享，既拓展了每个人的思维，又将所有优秀人才的思维连接、融合在一起，从而改善了解决问题的过程，提高了解决问题的效率。

四、情报系统动态维护与调整

情报系统动态维护与调整是指为了时刻紧握竞争脉搏，必须跟进竞争环境的发展变化，并随时更新情报系统。当然，除非某个情报系统被废止，否则所有的情报系统都是动态的，都会记录修改、更新、删除等操作。由于可视化竞争情报系统具有对竞争生态系统可视化展示的特性，所以对它的动态维护和调整就有一些特殊的措施。例如，情报系统中的任何变动都要通过链接做出准确的标注，以使这种动态变化过程得以记录和展现。这种动态轨迹不仅能体现竞争环境的变化，也能反映人们对竞争认识的改变。环视可视化竞争情报服务室的信息墙，就能发现竞争态势的发展变化，而这种成就是普通情报系统无法达到的。此外，在某个特定情报项目进行过程中，情报系统的维护与调整不仅仅有专人负责，整个团队都可以随时将自己的发现、观点在合适的位置标注出来，这样可以及时捕捉团队成员的灵感和成果，并随时让其他成员了解自己的思维过程。为了使情报系统的动态性与竞争环境的动态性保持一致，并充分利用这种动态轨迹，需要注意情报系统的动态维护与调整机制中比较关键的几个环节。

1. 创建副本

当一个问题结束之后新的问题出现时，可视化竞争情报服务室中的内容需要重新布局，为新问题做准备。因此，在重建内容之前，为了保存历史记录需要创建内容副本。不过备份工作可以与可视化竞争情报服务过程同步进行，建立纸本或数字可视化竞争情报服务室。

2. 客观竞争信息更新

此处的客观竞争信息是指没有掺杂任何个人观点和看法的有关企业自身、竞争对手、客户、供应商、政府政策等方面的事实数据。可视化竞争情报服务室中展示的客观竞争信息必须是最新的，随着竞争环境的变化而变化，要始终反映最新的竞争形势。因此，在情报搜集团队中应设有专职人员负责跟进竞争态势的变化，及时对信息进行更新和调整，并加上注解。这种信息跟进，有利于及时发现市场机会和威胁，充分发挥竞争情报的战略预警功能。战争游戏法在可视化竞争情报服务中能发挥最大效用的重要原因之一就是，可视化竞争情报服务室中保持有最新的竞争信息。

3. 竞争环境映射与监测

可视化竞争情报服务室墙壁上展示的信息系统，表达了竞争生态系统的现状及其演进过程，能够反映整个竞争环境的状况。因此，可以说该信息系统是竞争环境在信息墙上的投影，或者说是竞争环境的一种信息映射。对这种信息映射的跟踪监测，实际上就是对竞争环境的监测。当然，要实现这种映射首先需要信息整理团队掌握充分的竞争环境信息，并对竞争环境有着深刻的理解和把握；而对这种信息映射的跟踪监测则需要信息分析团队具有深刻的洞察力和敏感的情报意识。

4. 竞争系统学习

信息墙上的信息系统是竞争环境的一种映射，因此在情报项目结束之后，必须对信息墙上的信息展开系统学习，只有这样才能够完成对企业所处竞争系统的学习掌握。所以说，可视化竞争情报服务室也是组织管理人员培训和学习的场所。当然，这种学习需要针对不同的人员设置不同的权限，以防机密信息泄露。

同时，可视化竞争情报系统的这种动态性，促使竞争情报工作的开展必须保持连续性。竞争情报工作人员为了适应这种动态性，必须对竞争环境的变化保持高度敏感，并善于分析变化的起因与结果，从而促进竞争情报工作人员职业技能的提升。从另一个角度来看，可以说可视化竞争情报服务室要求竞争情报工作人员具有高水平情报技能。

第五章

可视化竞争情报服务的运行控制

可视化竞争情报服务是一种结构性的运行过程，其从设立到运行都有一定的规则和要求，为了保证参与者能够按照结构性的方式参与、改进可视化竞争情报服务工作，使可视化竞争情报服务运行过程通畅，需要采取必要的控制措施。

第一节　控制体系设计

对可视化竞争情报服务开展运行控制主要有以下几个方面的原因。

第一，从人们对新事物的认知和接受能力来说，新事物的出现往往会伴随有一定程度的抵制。可视化竞争情报服务作为企业竞争情报工作的一种创新机制，在其推进过程中必定会经历从不完善到完善的改进历程，在此期间难免会因为人们对可视化竞争情报服务的接受和认知程度有限而产生一些阻碍因素，这些都会造成可视化竞争情报服务的运行偏离预期轨道。为了实现预期目标，企业必须对可视化竞争情报服务的开展加以控制和引导。

第二，运行环境的不断变化要求对可视化竞争情报服务的运行过程进行必要的调控。可视化竞争情报服务的运行环境包括企业内部经营环境和外部竞争环境。企业内部经营环境虽然比较稳定，但会存在人事变动、引进新技术等方面的变化。外部竞争环境的变化更加快速、复杂。这些变化都会对可视化竞争情报服务的运行产生影响，这不仅要求可视化竞争情报服务工作人员对其运行方式和方法进行相应的调整，还要求可视化竞争情报服务工作人员具有预警和快速反应能力。因此，在运行过程中，企业必须保持对可视化竞争情报服务运行环境的监控。

第三，可视化竞争情报服务参与者的素质不同。由于不同的参与者的认识水平和分析技能不同，导致对可视化竞争情报服务运行计划的理解产生偏差，并有可能由于某个环节的理解偏差对可视化竞争情报服务工作的成功造成致命影响。因此，必须加强对参与者的选拔和管理。

第四，团队互动过程中会存在不良冲突和群体思维现象。可视化竞争情报服务是一种基于团队的分析和决策过程，在其运行过程中必然存在着（群体决策中）非常普遍的群体冲突和群体思维现象。当群体冲突为非建设性冲突时，就会对可视化竞争情报服务的开展产生负面影响；而当群体内出现过分追求一致性与群体和谐的行为现象时，也会导致群体决策过程优势丧失。因此，为了确定最优的分析、决策方案，必须在可视化竞争情报服务运行之前做好必要的防范措施；当这些现象发生的时候，就必须对团队互动过程开展人为干预、控制。

第五，企业投入的限制。企业根据竞争问题或事件的紧急、重要和复杂程度，对可视化竞争情报服务在时间和财务方面给予一定的期限与预算。如果耗费的成本超出预算，必然会影响企业的投入产出预期；而如果没有按时提交分析解决方案，则必定会拖延问题解决的时间，甚至错失解决问题的最佳时机。这些都会降低企业高层领导和各部门管理者对可视化竞争情报服务的期望，影响可视化竞争情报服务工作的开展。因此，为了保证能够及时地在预算范围内完成任务，需要对可视化竞争情报服务工作的开展时间和成本进行适当的控制。

一、控制对象和控制类型

可视化竞争情报服务运行控制对象主要分为三大类，即资源、流程和成果。资源主要包括人力资源、信息资源、资金、时间及设备等；流程则是指随着时间的推进所采取的系列行动，包括可视化竞争情报服务工作在某时段所采用的方法和运行步骤；成果是指可视化竞争情报服务工作的开展为企业带来的财务与非财务方面的效益。对资源进行控制的目的是最大限度地发挥所利用资源的功效；对流程进行控制是为了使流程更完善，以实现最优效果；对成果进行控制则是通过评估和反馈，对可视化竞争情报服务工作进行改进和完善。

从可视化竞争情报服务的运行框架我们可以看出，对可视化竞争情报服务的运行控制，需要在运行过程开始前、运行过程进行中和运行过程结束后通过事前、事中和事后控制形成一个完整的控制体系，以实现对可视化竞争情报服务工作的全方位协调和引导。这三个阶段的控制之间的相互关系如图 5-1 所示。事前、事中、事后三阶段的控制措施共同督导可视化竞争情报服务运行过程，同时事后控制也会根据可视化竞争情报服务运行结果对事前和事中控制措施进行必要的调整，以改善其控制体系。

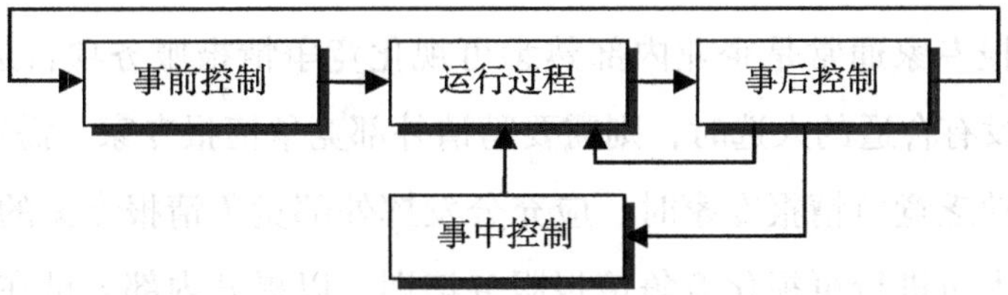

图 5-1 可视化竞争情报服务运行控制三阶段之间的关系

按照控制行为在可视化竞争情报服务开展过程中所处的阶段，我们将控制类型分为预控制、过程控制和评估控制三类。预控制发生在运行准备阶段，主要对可视化竞争情报服务的方向性问题和准备性活动进行事先的引导与控制；过程控制发生在运行开展阶段，对可视化竞争情报服务工作的具体操作步骤及涉及的各种相关因素加以协调，以保证运行成果达到预期目标；评估控制发生在运行评估阶段，通过对可视化竞争情报服务运行成果的应用监控和效果评价反映可视化竞争情报服务中存在的问题，为可视化竞争情报服务的改进提供依据。

二、操控人员

操控人员是指实施控制行为的人员。因为他们掌握着可视化竞争情报服务的运行方向和路径，直接决定着可视化竞争情报服务运行的效果，所以操控人员必须由经验丰富的竞争情报专家担任。企业所选择的竞争情报专家必须能够针对不同的竞争问题布局、设计可视化竞争情报服务项目，并熟练掌握可视化竞争情报服务项目的运行过程和方法。在战争游戏开展过程中，能够辨识、感知和观察什么时候应该暂停游戏以进行必要的调整，以及什么时候游戏应该结束。同时，竞争情报专家还要善于解决参与者由于缺乏理解而陷入的困境，并提出可供选择的办法。作为可视化竞争情报服务的掌舵人，竞争情报专家还要能够很好地把握项目方向，保持可视化竞争情报服务团队的注意力和能力始终聚焦于竞争问题上，直至该问题得到有效解决。

竞争情报专家通常是企业内部熟悉可视化竞争情报服务项目运行的人员，当企业内部没有合适的人选时，则需要聘请外部竞争情报专家。需要注意的是，当企业内部缺乏竞争情报专家时，应充分发挥外部竞争情报专家的作用，由其对企业内部人员进行可视化竞争情报服务培训，以提升内部人员在构建、实施等方面的运行经验，最终培养出企业内部竞争情报专家。由于可视化竞争情报服务是一种机密工作，其运行会涉及许多不宜外泄的信息，因此外部竞争情报专家需要具备极高的职业素养，并与服务企业签订保密协议，确保企业的机密信息不被外泄。

三、可视化竞争情报服务运行控制模型

根据可视化竞争情报服务操控人员在不同运行阶段所采取的控制措施及相关内容，构建出的可视化竞争情报服务运行控制模型如图 5-2 所示。

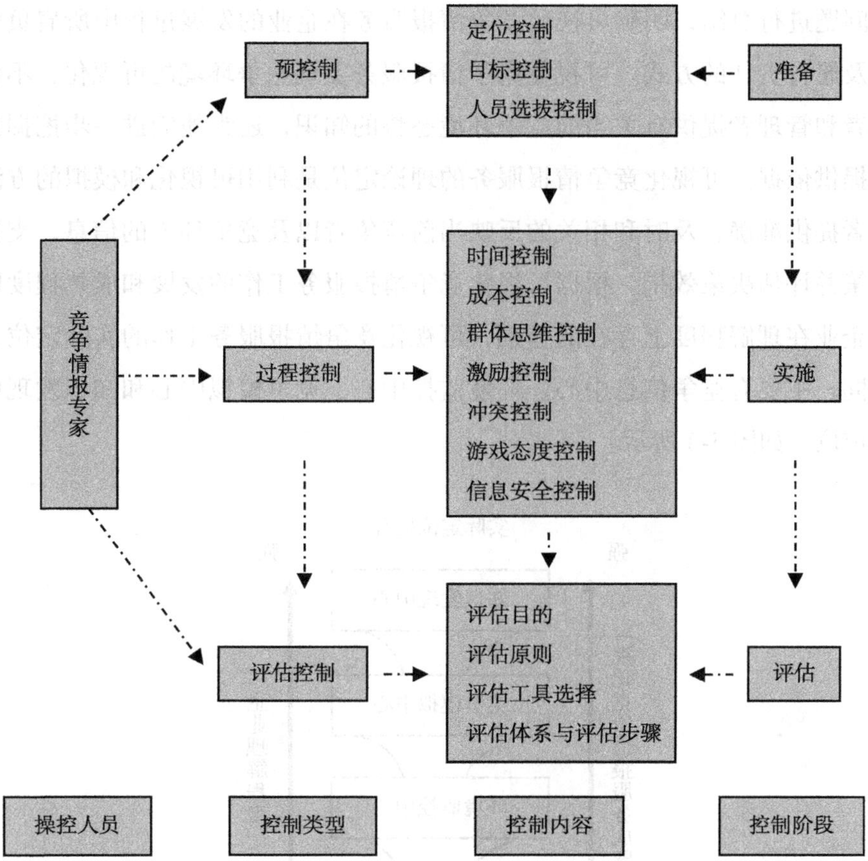

图 5-2　可视化竞争情报服务运行控制模型

第二节　预控制

一、定位控制

定位是对可视化竞争情报服务“为谁服务”“提供什么”及“如何提供”这

三个问题进行总结，明确可视化竞争情报服务在企业的发展过程中所肩负的责任以及履行责任的方式。可视化竞争情报服务实现竞争环境的可视化，不仅为决策者和管理者提供有关当前竞争环境态势的知识，还为他们进一步挖掘预警信号提供依据。可视化竞争情报服务的理论定位是利用可视化和模拟的方法为决策者提供准确、及时和相关的反映当前竞争者以及竞争环境的信息，支持企业决策并评估决策效果。根据可视化竞争情报服务工作的发展和成熟程度以及不同企业在理解程度上存在的差别，可视化竞争情报服务工作的实际定位会有所不同，主要有竞争信息中心、环境监控中心、竞争模拟中心和知识发现中心四种定位，如图 5-3 所示。

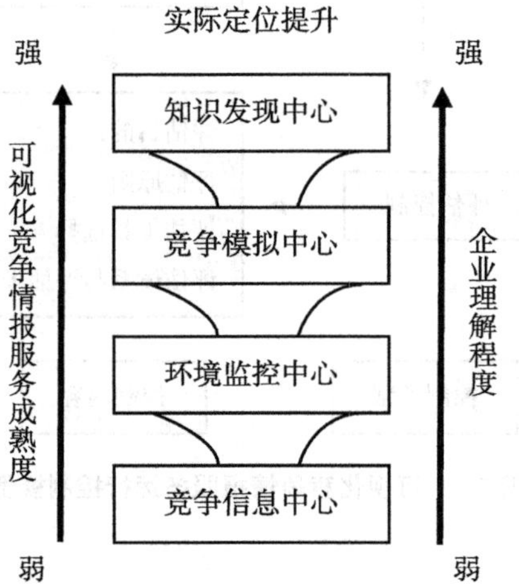

图 5-3　可视化竞争情报服务的四种定位

竞争信息中心是可视化竞争情报服务最基本也是最初级的功能。这种级别的可视化竞争情报服务主要负责企业外部竞争信息以及内部经营信息的汇总、整理工作，为企业所处竞争生态系统演进历程建立档案，并根据决策者或管理者的情报需求提供被动的信息服务。竞争信息中心的重点在于“存储”，它相当于企业的一种“记忆”中心，对记忆的调动则需要由决策者和管理者来下达指令。

环境监控中心级别的可视化竞争情报服务不仅根据决策者和管理者的情报

需求提供被动的信息服务，同时还主动根据环境扫描结果分析、挖掘竞争趋势、竞争异常以及竞争机会等，并提供给决策者和管理者。对于企业来说，环境监控中心级别的可视化竞争情报服务除了“记忆”之外，还具有“视觉”功能，可以帮助决策者和管理者洞察竞争生态系统正在发生或将要发生的变化。

竞争模拟中心级别的可视化竞争情报服务将行动预演作为主要的预测手段，这在可预测性较低的市场竞争环境中具有非常重要的意义。可视化竞争情报服务采用的行动预演方法主要是战争游戏法，在需要时召集相关人员开展战争游戏，为决策者和管理者展现竞争问题未来可能的趋势及影响。竞争模拟中心级别的可视化竞争情报服务不仅“记忆”“观察”竞争生态系统的当前态势，还“推演”未来的竞争态势，或对企业的竞争决策开展试验性测试，使决策者和管理者能够预先“看到”未来可能的竞争路径，并针对各种路径做好应对措施。

知识发现中心级别的可视化竞争情报服务真正成了企业的“大脑”，通过“记忆”“观察”“推演”过程，从各种竞争信息和竞争信息之间的关联中提炼具有高附加值的竞争知识。此处所指的竞争知识不只是竞争环境、企业管理、竞争战略等方面的知识，还包括决策者和管理者的直觉、感知、信念、竞争假设等潜在知识。这种最高级别的可视化竞争情报服务不仅是企业的知识中心，更是知识的源泉；不仅为企业决策者和管理者提供竞争知识，更重要的是激活决策者和管理者自身的知识储备，促使他们再次审视和重新解释自己拥有的知识，进而发现新的竞争知识，提高竞争知识水平。

可视化竞争情报服务定位的级别越高，所能发挥的功能也就越多，并且高级别定位可视化竞争情报服务所能发挥的功能包括了低级别定位的功能。同时，低级别定位的可视化竞争情报服务多少也会涉及高级别定位的功能。企业对可视化竞争情报服务实际定位级别的选择主要取决于企业所面临的竞争的激烈程度、企业对可视化竞争情报服务的重视程度，以及可视化竞争情报服务团队成员的素质与技能三个方面。因为重视程度不够或在方法、技术等方面存在缺陷而无法充分运用高级别定位功能的企业，随着可视化竞争情报服务团队成员能力的提高，以及企业对可视化竞争情报服务理解程度的加深，可视化竞争情报服务所能发挥的功用会越来越完善，其定位也就越来越高。理想状态下，可视化竞争情报服务的定位最终都会是最高级别的知识发现中心。此外，当企业所面临的竞争环境比较稳定的时候，无须浪费资源开展高级别定位的可视化竞争情报服务。也就是说，企业面临的竞争环境越激烈，所选择的可视化竞争情报服务定位应该越高。

由于定位体现了可视化竞争情报服务所能提供的知识产品的种类和级别，以及它所承担的职责对企业应对激烈的竞争环境的重要程度，一般会根据定位确定可视化竞争情报服务在企业内部组织网络中所处的位置和地位。因此，为了充分发挥可视化竞争情报的功效，需要在预控制阶段根据企业开展可视化竞争情报服务的主客观条件，合理确定可视化竞争情报服务的实际定位。同时，随着可视化竞争情报服务的发展和完善，还需对其实际定位及时进行调整和再定位，以确保可视化竞争情报服务能够顺利升级。

二、目标控制

目标控制是指根据在运行准备阶段合理设定的可视化竞争情报服务的目标体系，指导、协调可视化竞争情报服务的运行过程，并将其作为成果评估的考核依据。简而言之，目标控制就是通过设定的最终目标，对可视化竞争情报服务的运行进行控制。目标控制不仅是为了便于操控人员对可视化竞争情报服务运行进行协调，同时还是为了实现可视化竞争情报服务团队成员的自我控制。

可视化竞争情报服务的最终目标是提供竞争问题的解决方案或决策方案，该目标也是可视化竞争情报服务团队为之共同奋斗的理由。同时，为了控制和协调各成员的活动，还应根据可视化竞争情报服务的总目标对各成员的目标进行清晰和准确的描述，从而建立起可视化竞争情报服务的目标控制体系。可视化竞争情报服务是一种基于团队的分析活动，团队中不同成员担负着不同的使命和职责，因此也就具有不同的目标，但他们的目标都是为了保证可视化竞争情报服务目标的落实。在可视化竞争情报服务正式运行之前，明确可视化竞争情报服务的目标、不同运行阶段的目标以及不同人员在不同阶段的目标，制定合理的目标控制体系，有利于保证成员的个人目标与可视化竞争情报服务的目标相一致，有利于个人目标与可视化竞争情报服务目标很好地结合，从而实现团队成员的自我控制。可视化竞争情报服务的目标控制体系，是团队成员及各项子过程的预设成果，它具有激励性、导向性、协调性和约束性的特点。

可视化竞争情报服务的目标控制体系具有激励性。根据目标激励理论，恰当的目标设置具有激励作用，可以统一全体成员的意志，激发他们的工作热情。因此，可视化竞争情报服务团队成员的子目标，应该针对不同成员的不同特点和能力进行设置，既不能设置得过高也不能设置得过低。若目标设置过高，超出成员的能力范围，则容易令他们产生畏难情绪，造成犹疑或退缩；若目标设置过低则容易引发成员的厌倦感，无法激起他们的斗志和激情。

可视化竞争情报服务的目标控制体系具有导向性。由于可视化竞争情报服务的目标难以定量化、具体化，因此对其进行目标控制只能采用一种导向型的控制方法。而且可视化竞争情报服务团队成员的个人目标并不是要严格限制各成员的职责范畴，各成员的目标也并不遵从一般的严格独立互不交叉的子目标划分标准。可视化竞争情报服务团队成员的目标只是一种任务方向，在实现这种任务目标的过程中，会有一些偏离此轨道的意想不到的发现，并且对可视化竞争情报服务目标的实现非常重要。此时，该成员可以暂时偏离自己的任务轨道去研究该问题，但当问题解决之后则必须立即回到原来的轨道上继续执行自己的任务。

可视化竞争情报服务的目标控制体系具有协调性。合理的目标控制体系一方面可以激发、调动可视化竞争情报服务团队成员的积极性，另一方面还可以实现对可视化竞争情报服务过程的系统管理，协调团队成员的活动。这种协调主要体现在：（1）协调团队各成员的职责范围，（2）协调可视化竞争情报服务资源在团队各成员之间的分配与利用，（3）协调团队各成员的工作进程，（4）适时调整可视化竞争情报服务的工作重心，等等。

可视化竞争情报服务的目标控制体系具有约束性。可视化竞争情报服务的运行是一个系统工程，为了使这种系统工程沿着预定轨道顺利推进，不同的活动要件必须受到可视化竞争情报服务目标的约束。虽然可视化竞争情报服务提倡民主，努力激发成员的创新思维，但过于发散的思维会导致盲目。可视化竞争情报服务团队各成员、各种活动过程最终都应聚焦于可视化竞争情报服务的总目标。

目标控制体系可以成员的角色和可视化竞争情报服务的运行阶段为依据来设计，具体如表 5-1 所示。

表 5-1　可视化竞争情报服务目标控制体系样表

可视化竞争情报服务目标：				
成员角色	情报搜集	情报整理	情报分析	战争游戏
操控人员				
情报搜集人员				
情报整理人员				
情报分析人员				
战争游戏人员				

对于可视化竞争情报服务的目标控制，除了这种在可视化竞争情报服务过程正式运行之前而利用目标体系对团队成员进行的预控制外，在可视化竞争情报服务过程正式运行中，还存在主动控制和被动控制两种目标控制方式。其中，主动控制是当可视化竞争情报服务操控人员根据他所掌握的信息预测某个环节将要偏离预定目标时，事先采取必要的纠正措施，以保证可视化竞争情报服务的运行过程不会偏离预定轨道；而被动控制则是在可视化竞争情报服务工作的每一个阶段或子任务完成后，操控人员以目标体系为基准对该阶段或子任务的成果进行评价与修正，以利于后续任务的顺利推进。

三、人员选拔控制

可视化竞争情报服务有各种软硬件及工具组合的强有力支持，但人的因素在信息分析和战略决策制定过程中永远占主导地位，任何工具都无法取代人脑的地位，优秀的团队是可视化竞争情报服务项目实施成功的必要保障，因此在项目实施之前必须把好人员选拔关。团队是可视化竞争情报服务项目的组成核心，而热情是团队成员必须具备的素质。如果成员对项目没有热情，那么不管成员的技术水平有多高，分析能力有多强，项目的开展也不一定会很顺利，成果也不一定让人满意。只有既有能力又满怀热情的人参与到项目中来，才能保证不论遇到什么困难，项目都能坚韧顽强地进行下去。一个项目的成功来自99% 的汗水和 1% 的灵感，只有满怀热情的团队，才能在 1% 的灵感的指引下，在付出 99% 的汗水后迎来成功。可视化竞争情报服务团队成员需要具备图 5-4所示的几种基本能力。

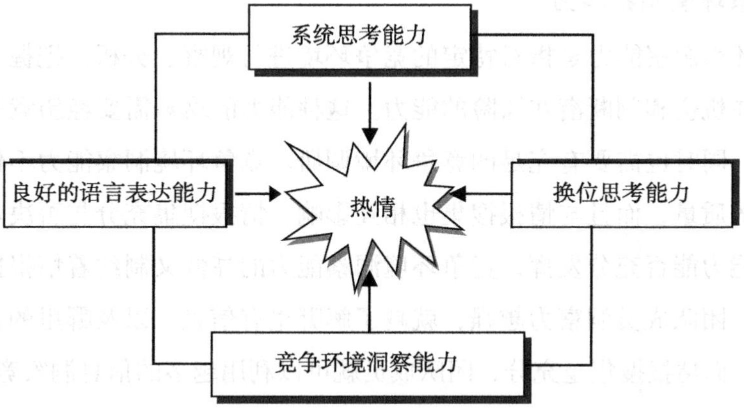

图 5-4　可视化竞争情报服务团队成员基本能力构成

1. 系统思考能力

系统思考能力是指对影响竞争态势的力量及相互关系进行全方位思考的能力，也就是用系统的、整体的、全局的思维方式而不是片面的、局部的思维方式思考竞争问题，制定竞争战略。竞争生态系统中的各种力量相互影响，彼此联系，某种力量的改变势必影响其他力量。可视化竞争情报服务团队成员只有具备了系统思考能力，才能很好地把握竞争形势，只有理解了企业战略在竞争生态系统中的作用，才能很好地挖掘市场的潜在动态。

2. 换位思考能力

此处的换位思考是指站在其他组织的立场上分析竞争形势，以进一步分析其他组织对市场和本组织行动的反应。战争游戏本身就是衡量竞争对手面对产业情况的变化做出什么反应的有效预测工具，是人们试图了解他人思想的一种努力。战争游戏的基本假设为：企业管理者和分析师像竞争对手那样思考是可能的。为了有效分析竞争对手的反应，我们可以换位思考，即考虑如果自己是对方，面对当前的竞争形势将如何开展工作。换位思考能力对可视化竞争情报服务工作的开展来说是一种非常重要的能力。这种换位思考不是想当然地认为对方该如何做，而是以分析对方的历史、决策风格、竞争能力等为依据，将自己完全想象成对方，考虑对方的竞争反应。

3. 竞争环境洞察能力

竞争环境洞察能力是指对特定的竞争环境进行观察、分析，把握走向，以及挖掘潜在机会和判断潜在风险的能力。这种能力的培养需要经历竞争磨练和经验积累，同时也需要有充足的竞争环境调研。竞争环境洞察能力不仅影响着战略分析的质量，而且与情报搜集也相互影响。情报搜集充分与否决定着团队成员洞察能力能否充分发挥，竞争环境洞察能力的高低又制约着情报搜集的广度和深度。团队成员洞察力越强，就越了解哪里有信息，以及哪里的信息可以纵深挖掘；而情报搜集越充分，团队成员就可以利用越多的信息洞察竞争环境。

4. 良好的语言表达能力

良好的语言表达能力代表着良好的沟通能力，只有沟通顺畅才能充分发挥团队的力量。当然，这种语言表达不仅是口语表达，也可以是书面交流。要想使团队合作分析的成果远远优于各成员独立工作得出的成果的简单加和，就必须保障团队的无障碍沟通，良好的语言表达能力也就成为可视化竞争情报服务团队成员的必备能力之一。

可视化竞争情报服务团队成员在紧密合作的同时各司其职，除了操控人员外，还有其他不同的岗位需要有不同特长的成员，如领导者、情报收集员、情报分析师、信息技术专家等，这些成员需要满足一些相应的职能要求。归纳起来，有效的可视化竞争情报服务工作需要三种类型的知识工作者：（1）拥有丰富的商业知识的领域专家，（2）将信息组织成可用和有用的资源的信息专家，

（3）构建支持信息管理的技术基础知识方面的 IT 专家。各领域专家将信息转换为可以指导行动与决策制定的情报。他们不仅是可视化竞争情报服务最终产品的消费者，也是信息搜集与分析的参与者。信息专家利用各种方式使信息增值，标明其重要性，提高其可获得性和效用。

此外，在可视化竞争情报服务项目中开展战争游戏时，还需要有代表不同利益的相关者，如竞争对手、客户、供应商及其他组织的一些小组。杰伊·库尔茨（2002）提出，典型的战争游戏法应包括市场、竞争对手、百搭牌小组、X小组、仲裁组和协调组①。其中，市场组在每一轮游戏结束时，都会根据竞争对手组互动情节的发展，来确定各方市场份额的增加和减少。各竞争对手组或代表本企业，或代表某个在游戏期间将面对的比较重要的企业。百搭牌小组代表潜在的竞争对手，这种竞争对手现在不存在，但几年以后他会进入或者改变市场。X 小组扮演经济组织、政府、市场监管者、干预者或其他影响市场、企业和竞争对手的组织。仲裁组确保其他所有小组按“交战规则”参与游戏。本组人员必须是受尊敬的、在战略管理与市场预测等方面有着丰厚的实践经验和理论知识的资深人士，并且对战争游戏的某种结果没有特殊偏见的人员。协调组在战争游戏中不扮演角色，但它提供必要设备和工具、维持秩序等，以确保战争游戏的顺利开展。它要捕捉重要的战争游戏产出以准备行动后的报告。根据战争游戏的目的和范围，还可以增加代表渠道（与终端用户市场不同）、战略合作伙伴、媒体和重要的利益相关者的其他小组。

因此，可视化竞争情报服务团队除了需要基本成员参与外，还需要有参与角色扮演的不同小组的动态成员。动态成员应来自企业的不同部门，如营销、销售、财务、法律、技术、生产和人力资源等部门。杰伊·库尔茨还指出，如果开展战争游戏的目标是帮助企业规划或处理现实情境，则需要两种管理层参与者：必须理解并利用项目结果的经理主管人员和高级管理者，以及可以利用自己的知识、见解和创造性帮助战争游戏开展的低中层生产者和职员管理者。

① Jay Kurtz. Introduction to business wargaming［J］. Competitive Intelligence Magazine, 2002, 5(6):23-28.

第三节 过程控制

过程控制是指操控人员与其他参与者根据可视化竞争情报服务的目标和行动方案，对可视化竞争情报服务的正式运行过程进行全面的监测与评价，及时发现阻碍可视化竞争情报服务顺利运行或影响可视化竞争情报服务最终效果的因素，并针对它们开展克服和纠正活动。下面将首先从时间、成本两方面讨论可视化竞争情报服务运行过程中的资源性控制问题，然后从组织行为学和社会心理学角度分析可视化竞争情报服务流程控制措施，最后探讨可视化竞争情报服务运行过程中的信息安全控制。

一、时间控制

在可视化竞争情报服务运行过程中需要把握好整个流程的时间，包括情报搜集、游戏准备（脚本设计、人员选取与培训等）以及战争游戏等过程的时间。这些阶段所需要的时间主要由战争游戏的规模等级决定。依据不同的目的和企业面临的竞争环境的复杂程度，战争游戏通常可以分为不同的等级，不同等级的战争游戏所需要的时间不同。根据规模等级，战争游戏正式进行的时间通常持续 1 ~ 5 天，大部分持续 2 ~ 3 天。但是通常情况下，情报搜集和游戏准备的时间都会长于战争游戏正式开展的时间。一般准备时间应用多少周，需要根据游戏的规模来决定。在正式游戏时间里，可有许多轮对阵，每一轮一般为 2 ~ 4 个小时，时间不能太短，太短难以发现问题；也不能太长，太长容易造成工作拖沓和疲软，不能取得预期效果。

根据开展战争游戏的目的和准备情况，我们可将战争游戏分为四个等级，不同级别的战争游戏所需时间如表 5-2 所示。A 级战争游戏旨在开展高层次的战争游戏法之前引入战争游戏法的概念和过程，常常基于一般的形势环境。B 级战争游戏旨在增强对正在变化的市场或新的竞争形势的理解和认识，尤其适用于在新的重大计划实施之前开展。C 级战争游戏旨在对计划或环境进行更严格的分析，常常用来对初始计划进行“震荡测试”，与 A 级战争游戏或 B 级战争游戏相比需要做更多的准备工作。D 级战争游戏用来对计划进行非常严格的评审，以识别计划潜在的弱点或完善计划的实施，需要非常充足的准备。战争游戏所需要的准备时间根据等级和规模以及可获得的信息量而定。

表 5-2　战争游戏等级时间表

等级	游戏准备时间	正式游戏时间
A 级	1 ~ 2 周	通常持续 0.5 ~ 1 天
B 级	2 ~ 4 周	通常持续 2 天
C 级	4 ~ 8 周	通常持续 2 ~ 4 天
D 级	4 ~ 10 周	通常持续 3 ~ 5 天

本・吉拉德在《早期预警：利用竞争情报预测市场变化、控制风险并制定有效策略》(2004）一书中，提出了在不同行业（服务业、高技术产业、医药行业、工业及金融业等）的许多企业曾经使用过表 5-3 至表 5-6 中列出的几种战争游戏正式进行时的日程表[①]。

① Ben Gilad. Early warning: using competitive intelligence to anticipate market shifts, control risk, and create powerful strategies［M］. New York: NY AMACOM Books, 2004：88-107.

表 5-3 战争游戏日程例表（一）

两天的战略风险、战略选择训练	
第一天：框架和第一轮分析	
08：00—10：00	使用的分析框架（协调组）
10：00—10：15	休息
10：15—12：00	分析产业结构并描绘不确定性（所有小组）
12：00—13：00	工作餐（各小组继续一起工作）
13：00—14：30	小组展示和讨论
14：30—14：45	休息
14：45—16：00	竞争者面对产业情景如何反应（所有小组，预先分配）
16：00—17：30	团队展示和讨论
17：30—18：00	第二天游戏指南
第二天：第二轮分析	
08：00—09：45	综合：根据竞争者行动和互动形成产业情景（团队训练）
09：45—10：00	休息
10：00—12：00	根据产业情景制定主队最佳线路选择（所有小组）
12：00—13：00	工作餐
13：00—14：30	小组展示和讨论
14：30—15：00	总结：战略选择（协调组）
15：00	结束

表 5-4 战争游戏日程例表（二）

一天的战略风险识别训练	
08：00—09：30	使用的分析框架（协调组）
09：30—09：45	休息
09：45—11：00	分析产业结构并描绘不确定性（所有小组）
11：00—12：00	小组展示和讨论
12：00—13：00	工作餐期间小组展示继续
13：00—14：30	面对产业变化竞争者如何反应（所有小组，预先分配）
14：30—16：00	小组展示和讨论
16：00—16：15	休息
16：15—17：00	综合：根据竞争者行动和互动形成产业情景（团队训练）
17：00	结束

表 5-5　战争游戏日程例表（三）

两天的盲点识别方法训练	
第一天：练习	
08：00—10：00	使用的分析框架（协调组）
10：00—10：15	休息
10：15—15：00	利用盲点识别方法开展案例练习（协调组）
15：00—17：00	分析产业结构（所有小组）
第二天：应用	
08：00—10：00	小组展示和讨论
10：00—12：00	分析本企业和竞争对手的假设，识别盲点（所有小组，预先分配）
12：00—13：00	午餐
13：00—15：00	小组展示和讨论
15：00—15：15	休息
15：15—16：00	本企业需要改变什么战略（所有小组）
16：00—17：30	小组展示和讨论
17：30—18：00	行动计划（协调组）

表 5-6　战争游戏日程例表（四）

一天的盲点识别方法练习	
08：00—10：00	使用的分析框架（协调组）
10：00—10：15	休息
10：15—11：00	产业结构分析（所有小组）
11：00—12：00	小组展示和讨论
12：00—13：00	午餐
13：00—14：30	分析本企业和竞争对手的假设，识别盲点（所有小组，预先分配）
14：30—16：00	小组展示和讨论
16：00—16：15	休息
16：15—17：00	本企业需要改变什么战略（所有小组）
17：00—18：30	小组展示和讨论
18：30—19：00	行动计划（协调组）

二、成本控制

充足的资金是任何一个项目取得成功所必须具备的，而资金是否充分的衡量标准并不在于多少，而在于是否能够满足需求。为了使各种战争游戏活动都能够得到必要的资金支持，企业可以采取两种措施：一是开源，二是节流。开源是指积极争取企业和其他利益相关者的资金投入，而节流则是指成本控制。企业经营的目标是盈利，企业的任何管理决策活动都是为了获得尽可能多的利润。因此，对于可视化竞争情报服务项目，企业会秉着投入最小、收益最高的理念安排资金预算。开源措施对资金保障的作用相对较小，保证可视化竞争情报服务顺利运行最主要的措施还是成本控制。成本过高的可视化竞争情报服务项目对于企业管理者来说是毫无价值的。虽然可视化竞争情报服务是开展竞争情报工作辅助战略决策一种非常有效的方式，但是如果成本过高，利润空间相对较小，甚至存在亏本的风险，理性的管理者就不会对其进行投资，而会转向其他途径辅助战略决策的制定。因此，以最小的投资获得最大收益的成本控制，是可视化竞争情报服务运行过程中非常重要的一项举措。可视化竞争情报服务的成本控制主要集中在对设备成本、情报搜集成本以及战争游戏成本的控制上。

（一）设备成本控制

对于墙壁展示的载体，在简单的可视化竞争情报服务项目中，房间的四壁上固定的是泡沫板或磁性板；而在比较高级的可视化竞争情报服务项目中，房间的四壁上固定的则是电子显示屏，或其他可以投影计算机上形成信息结构图的设备。这些显示技术是为了展示通过逻辑形式连通的信息与情报，从而让人们从各种角度观察信息过程。高级的不一定是最好的，也不一定是适合本企业的，为了得到产出和投入的最大比值，企业完全可以选择简单的设备。一个系统成本越高，就越难维持长期运行。一般而言，最好以低成本的方式开始，然后逐步发展起来[1]。而且，笔者提倡在泡沫板或磁性板上手绘信息流程，因为这种朴素原始的板书方法利于动手的同时动脑思考和相互讨论，从而加深对信息的理解。

为了辅助人脑分析，减轻人脑负担，在可视化竞争情报服务中可以利用信息技术实现半自动化。可视化竞争情报服务中可以采用的工具包括数据挖掘、自动化文本检索、信息可视化、决策建模、数据存储与链接等软件工具。对于这些工具的选择也不一定必须是最先进的，而应该选择与本企业的实力、面临的竞争环境以及可视化竞争情报服务团队成员的能力等相匹配的工具组合。这套工具组合要以最大限度实现信息的自由流动和无缝隙流动为目标。总之，信息技术工具的选择应该以“实惠”为标准，而不应该“华而不实”。

可视化竞争情报服务提倡民主、自由思考以及头脑风暴，为了最大限度地使成员身心得到放松，使其思想不受任何拘束，充分发挥成员的聪明才智，室内桌椅的选择和安排不能因陋就简。座椅需要选择可以自由移动，可坐可卧，以使团队成员的身体可以达到最大限度自由放松的符合人类工程学设计的产品。企业将在可视化竞争情报服务室中召开规划会议、监测情报项目和各自成果的状况等，因此企业应在该服务室中央摆放利于讨论交流的圆形或椭圆形会议桌。

（二）情报搜集成本控制

情报搜集成本包括情报搜集人员查找信息所需要的时间和资金。为了有效控制情报搜集成本，需要明确情报需求，把握 20/80 法则，有计划地开展搜集活动，不能漫无目的地海搜。不管如何搜索，都不可能掌握完全信息，决策都是依据不完全信息根据决策人的判断做出的带有一定风险的选择。因此，情报搜集不求全但求精。根据 20/80 法则，企业投入的 80% 的资源约带来 20% 的收益，而另外 20% 的资源却能带来 80% 的收益。同理，情报搜集人员付出的关

① 张建华，王立文．企业生存的第四种理由［M］．海口：海南出版社，2002：299.

键的20%的努力可以搜集到80%的情报，而付出的另外80%的努力只能获得20%的情报。因此，情报搜集阶段的重点是抓住这关键的20%的投入。

情报搜集能力包括情报搜集人员的信息敏感性、信息技术能力、社交能力等，它决定着情报搜集的质量和成本。能力高的情报搜集人员会利用较低的资金成本以较短的时间获得价值较高的情报，而能力低的情报搜集人员花费很多的时间和金钱也不一定能够获得有用情报，因此企业应选择能力强的情报搜集人员搜集情报。也许能力强的情报搜集人员的薪酬待遇要求比较高，但他为企业节省了成本，减少的浪费要远远多于薪酬差，所以对情报搜集人员的选择应本着求精而不求多的态度。

另外，情报搜集计划为情报搜集人员指明了情报搜集的突破口并预先制定了搜集路径。周密的情报搜集计划可以保证情报搜集少走弯路，减少时间和资金浪费。挖井的时候只有在合适的地方、有水源的地方才能挖到水；情报搜集也一样，只有找到合适的入口并遵循合适的路径才能找到需要的情报。情报搜集计划要预先为情报搜集寻找合适的方向和方法，以利于事前有效控制成本。

（三）战争游戏成本控制

战争游戏主要体现为开展竞争模拟，其成本主要集中于人员工资、管理费用、设备折旧和办公材料费方面，而这些都与游戏规模有关。游戏规模越大，需要动用的人员越多，持续的时间越长，成本就越高。因此，企业在开展战争游戏时应先选择合适的游戏规模，从根本上控制战争游戏的成本。在合适的规模基础上，严格控制战争游戏的时间，在保证效果的情况下减少时间浪费，从而节省战争游戏的资金和时间成本。但在时间一定的情况下，人员工资、管理费用和设备折旧费是无法控制的，虽然可以节省办公材料费开支，但它在总成本中仅占据非常小的一部分。人员工资因素中可以变动的是人员，如果企业聘请外部专业人员开展战争游戏，人力资本投入将非常昂贵，因此企业应该在内部选拔人员并进行培训，以此节省人力成本开支。对于外部顾问的选聘，可根据企业的实际情况来定，如果本企业有熟知战争游戏且有能力统筹整个战争游戏过程的专家，则没有必要花重金聘请外部顾问，利用本企业的专家进行培训指导即可，否则应该选择要价合理的外部顾问，以保证战争游戏的顺利实施。可视化竞争情报服务只是用以辅助企业预测未来环境变化并辅助企业战略决策的，因此不需要设置过多的管理层，只需要保留必要的日常维护人员即可，这一方面可以节约管理费用，另一方面可以避免政治斗争。

三、群体思维控制

1972 年耶鲁大学社会心理学家贾尼斯提出了群体思维理论，将群体思维定义为当人们卷入一个过分凝聚的群体时，并且当人们对于寻求一致的需要超出了合理评价备选方案的需要时所表现出来的一种思维和行为模式[①]。

群体思维是群体决策过程中一种非常普遍的行为现象，其对群体决策中的互动过程及结果有很重要的影响。由于群体思维的产生，群体决策将无法按照理性的程序进行而产生决策失误，并丧失相对于个体决策在效果方面的优势[②]。因此，在以团队分析为基础的可视化竞争情报服务过程中，为了获得最佳的群体合作效果，必须注意克服群体思维现象。而且，由于群体思维而变得僵化的企业根本无法顺利开展可视化竞争情报服务；只有营造了开明、民主、公正的环境，才能推动可视化竞争情报服务工作顺利开展。

贾尼斯将导致群体决策失误的群体思维总结为八种表现形式[③]。（1）无懈可击的错觉：过分乐观，盲目自信，不认为自己有潜在的危险，意识不到外来警告。（2）集体合理化：一旦群体形成决议后，就会花更多时间将决议合理化，而不是对它们进行重新审视和评价，并忽视外来挑战。（3）对群体的道德深

① 毕鹏程，席酉民，王益谊．群体发展过程中的群体思维演变研究［J］．预测，2005，24（3）：1-7.

② 毕鹏程，席酉民．群体决策过程中的群体思维研究［J］．管理科学学报，2002，5（1）：25-34.

③ 金盛华，张杰．当代社会心理学导论［M］．北京：北京师范大学出版社，1995：408-412.

信不疑：坚信自己群体的决策是正义的，且不理会外界从道德上提出的挑战。（4）对于对手的看法刻板化：认为任何反对他们的人或者群体是不屑与之争论的，或者认为这些人或群体过于软弱、愚蠢，不能够保护自己，而遵从群体既定的方案则会获胜。（5）从众压力：不赞同他人的意见和看法，对怀疑群体立场和计划的人，群体总是处于进行反击的准备之中，并加以嘲笑。（6）自我压抑：避免提出与群体不同的意见，压抑自己对决策的疑惑，甚至怀疑自己的担忧是否多余。（7）全体一致的错觉：自我压抑与从众压力的结果，使群体的意见看起来一致，并由此造成群体统一的错觉。（8）思想警卫：群体决策一旦形成，某些成员会有意扣留或隐藏不利于群体决策的信息和资料，或限制成员提出不同的意见，以此来保护决策和产生影响力。

群体思维在可视化竞争情报服务运行过程中，主要集中在环境扫描和竞争问题识别阶段。在群体思维的影响下，可视化竞争情报服务团队成员会由于对竞争形势盲目乐观而看不到问题和威胁的存在。因为群体思维会使团队成员产生一种认为自己是无懈可击的幻觉，当遇到同他们的假想相抵触的信息或警示时也会置之不理，从而导致竞争问题识别的失败。为了保证在环境扫描和竞争问题识别阶段，扫描组始终保持客观的态度，避免群体思维对人们思想的麻痹作用，需要针对此阶段可能出现的群体思维现象采取有效的预防措施：使群体成员了解群体思维现象、原因及后果；指定一位或多位成员充当反对者，专门提出反对意见；领导者要鼓励批评性意见和怀疑；居安思危，时刻对竞争环境保持警觉状态。

在环境扫描和竞争问题识别阶段要注意，克服了群体思维之后，在后续的战争游戏开展过程中，这种方法本身的机制将会遏制群体思维的产生。参与战争游戏的成员来自不同的部门，因此会形成一种跨部门的动态团队，这种跨部门团队和异位思考的方式会促使各成员主动打破其固有的思维模式，从而消除群体思维的影响。

四、激励控制

为了保证可视化竞争情报服务过程最终输出的成果达到最优，企业需要在可视化竞争情报服务运行过程中充分调动团队的积极性，挖掘团队潜能，这可以通过激励机制来实现。美国哈佛大学管理学院詹姆斯教授从行为科学角度，对激励在发挥人力资本的潜在作用方面所做的实证研究表明："如果没有激励，一个人的能力发挥不过20% ~ 30%；如果施以激励，一个人的能力可以发挥到80% ~ 90%。"[①] 激励机制可以最大限度地调动可视化竞争情报服务团队成员的积极性，充分发挥成员的潜力，从而提高可视化竞争情报服务团队的效率。为了对可视化竞争情报服务团队进行有效的激励，使他们自愿朝着特定的目标，持续地付出一定程度的努力，则需要采取以下几种激励策略。

1. 公平的薪酬体系

可视化竞争情报服务团队成员也是经济人，可以说薪酬是成员个人行为导向的目标和工作动机产生的源泉，更是决定激励机制是否有效的关键变量。合理的薪酬机制对团队成员的行为起着重要影响[②]。在市场经济条件下，薪酬是衡量成员自身价值和取得成就的尺度，标志着他们对企业贡献的大小及在可视化竞争情报服务团队中的地位。因此，可视化竞争情报服务团队成员的薪酬体系，应能体现成员在团队中的价值和地位，公平的薪酬体系对可视化竞争情报服务团队成员的激励具有重要的意义。同时，为了使团队各成员自觉地将可视化竞争情报服务成果最大化作为任务总目标，应将团队成员的薪酬与可视化竞争情报服务成果挂钩，建立可变薪酬体系。这样，可视化竞争情报服务团队成员为了实现可视化竞争情报服务成果的最大化，进而实现自身收益的最大化，还会自觉地以个人利益服从团队的整体利益为出发点，从而解决或避免一些冲突与

---

① 何瑛. 虚拟团队管理——理论基础、运行机制与实证研究［M］. 北京：经济管理出版社，2003：207.

② Robert Drago. Competition and cooperation in the workplace［J］. Journal of Economic Behavior and Organization, 1991, 15(1):347-364.

矛盾。

2. 培训与学习机制

马斯洛提出的需求层次理论将人的需要划分为五种层次，从低到高依次为：生理需要、安全需要、社交需要、尊重需要和自我实现需要。可视化竞争情报服务团队成员作为一种高素质人才，十分重视能够促进他们不断发展的、有挑战性的工作，这会使他们拥有较强的满足感。因此，可视化竞争情报服务团队应将自我实现需要融入激励系统，为成员提供个人发展空间。在可视化竞争情报服务开展过程中，可视化竞争情报服务团队应创造一种学习氛围，使成员能从他们所从事的工作中有所收获。同时，根据不同成员的情报技能、工作成就、项目经验、兴趣爱好等特点，有针对性地定期或不定期地为他们提供培训和学习的机会，使他们的能力得到提高、潜力得以发挥，让他们感受到自身价值随着可视化竞争情报服务工作的开展而不断增加。可视化竞争情报服务中的培训与学习机制，应能满足团队成员个体成长的愿望。

3. 分权与民主的文化氛围

可视化竞争情报服务推崇发散思维，鼓励创新，因此分权与民主的文化氛围可以为可视化竞争情报服务团队成员提供自由的思考空间，从而为竞争问题提供更具适应性的解决方案。可视化竞争情报服务的工作业绩，取决于可视化竞争情报服务团队成员所具备的知识、情报技能以及解决问题的主动性。虽然可视化竞争情报服务的开展是一个系统的过程，但它们所需要的并不是周密、严格的工作计划，而是一种信任、自主和创新的文化氛围。只有在这种工作环境中，可视化竞争情报服务团队成员才能充分、自如地发挥其潜能，深刻观察、分析竞争问题，并充分激发其隐性知识的功用。可视化竞争情报服务操控人员不是其他成员的上级，而是向导和协调员，可视化竞争情报服务团队成员在高度自治的情况下履行自己的职责。

五、冲突控制

冲突是指两个或两个以上相互作用的主体，彼此之间在某种程度上存在不相容的行为[①]。可视化竞争情报服务的运行过程具有高度互动性，且不同成员在知识、经验、思维习惯等方面存在差异，再加上可用资源的稀缺性，这些都会导致团队成员之间发生冲突。作为一种竞争情报组织，可视化竞争情报服务团队在其运行过程中可能产生的冲突主要有：（1）信息冲突，成员之间由于获取的信息不同而产生对竞争问题观点、见解上的冲突；（2）理解冲突，由于成员分析问题的角度、方法不同而产生的对竞争问题认识上的冲突；（3）资源冲突，由于企业对可视化竞争情报服务的投入有限，成员在开展活动的时候必然受到制约，在设备、人力等资源的分配上会产生一定的冲突；（4）竞争冲突，成员为了彰显自己的能力或获取更多奖励而相互展开竞争，从而产生一定的冲突。这些冲突既可能产生消极的影响，也可能具有建设性的意义。消极的冲突会使团队成员的情绪与心理受到影响，并造成资源浪费，进而影响团队的工作效率；而建设性的冲突则可以激发团队的活力和创造力，避免停滞。因此，企业应建立适当的冲突管理机制，以调节、化解或尽可能避免消极冲突，鼓励、引导并充分利用建设性冲突。

适当的信息冲突和理解冲突有利于可视化竞争情报服务团队成员之间的交流，集思广益，对竞争问题进行多角度的考察、分析。但是如果对这两种冲突管理不善，则有可能将其转化为情绪性冲突，引发成员之间的怀疑并导致可视化竞争情报服务运行过程的紊乱。合作与竞争理论认为，每个人都是自利的，每个人对别人的行为和感受依赖于他们感知的相互间的利益是合作相关还是竞争相关[②]。当人们认为他们之间的目标是正相关时，群体的合作行为就产生了。为了避免信息冲突和理解冲突向情绪性冲突转化，必须设立合理的目标体系，

---

① 曾鸣晓．冲突管理的战略选择［J］．企业改革与管理，2004（6）：10-11.

② 欧阳慧，李树丞，陈佳．高层管理团队（TMT）在战略决策中的冲突管理［J］．湘潭大学学报（哲学社会科学版），2004，28（2）：7-10.

使各成员的目标都以可视化竞争情报服务总目标为导向。

对于资源冲突的解决，可以要求企业根据自身的财务状况和需要，适当增加对可视化竞争情报服务工作的投入。但更重要的是，可视化竞争情报服务工作人员对资源的配置，应根据可视化竞争情报服务整体运行情况，统筹规划，并针对一些使用面广、使用率比较高的资源，依据成员的任务特点设置优先级，以保证最需要的成员最先使用该资源。

竞争冲突有可能是可视化竞争情报服务管理者为刺激成员努力工作而有意引入的，也可能是争强好胜的成员在任务执行过程中有意或无意引发的。但这种冲突在可视化竞争情报服务环境中除了会使成员将注意力转移到无谓的比拼中，甚至忘记了预期目标外，并不会激发成员对竞争问题进行更多的理解。相关研究表明，群体之间的竞争常常导致群体间冲突的增加，生产率却没有明显提高；更为严重的是，两个相互依赖的群体之间的竞争反而会使生产率下降[①]。因此，在可视化竞争情报服务过程中，应尽可能避免竞争冲突，对已经产生的竞争冲突要及时予以疏导。

六、游戏态度控制

可视化竞争情报服务团队开展战争游戏时的游戏态度控制主要由协调组负责。协调组的基本任务是在战争游戏中引导过程并引进工具，协调战争游戏期间的所有活动。战争游戏法处处体现着由情报支持的人类洞察预测能力。但是如果没有科学的规则，战争游戏将成为先验信念、盲目和自负的争斗；而没有良好的心态，就可能让直觉代替可靠的情报，根据个人偏好得出结论。协调组负责确保角色扮演过程中各小组以良好的心态、按科学的规则参与游戏。角色扮演过程中各小组应遵循科学的规则并保持良好的心态，主要体现在如下三个方面。

① 郭朝阳. 冲突管理：寻找矛盾的正面效应［M］. 广州：广东经济出版社，2000：80.

（1）客观。对竞争态势的分析应该以可获得的情报为依据，而不能盲目猜测，自以为是，否则将会造成错误的判断，导致战略失败。在竞争分析情报不足或情报不完全的情况下，首先要解决的问题是尽可能全面地搜集情报，而不能依据片面或片断的情报开展分析。

（2）严谨。游戏开展过程中得到的各种结论都需要根据现实依据进行严格的推理判断，并绘制出从论据到结论的逻辑推理图，以确保逻辑推理的缜密性，并有利于后期审核。可视化竞争情报服务是一项搜集高密度、多维度信息的工作，为了使信息可视化，我们需要合理绘制信息流程图，避免出现信息泛滥、信息紊乱的局面。

（3）公正。偏见会蒙蔽参与者的眼睛，导致先入为主的思想束缚参与者的思维。可视化竞争情报服务是组织制定战略决策应对竞争环境变化的过程，偏见的存在会使参与者情感用事而对竞争环境做出错误判断令战略制定失去客观、公正的基础。因此，团队成员在可视化竞争情报服务过程中要抛开一切偏见，以事实为依据，避免盲目的无根据的定论和假设。对存有偏见的人员，协调组需要及时警告，使其调整心态。

协调组可以提出鼓励“打破常规”思考的尖锐问题。作为局外人，协调组应揭露传统思维的事实真相，并挑战根深蒂固但已经过时的假设。“你们（他们）为什么这样做”是一个典型问题，如果在合适时机提问将会带来关于给定战略效力的新的领悟。

七、信息安全控制

在可视化竞争情报服务团队为了辅助企业制定战略、战术决策而积极开展情报搜集活动的同时，竞争对手为了获取有利于自身发展的信息，也在开展着有组织的竞争情报活动。因此，在可视化竞争情报服务的运行过程中，除了注意积极开展竞争情报活动以支持企业决策外，还应该在竞争对手开展竞争情报活动过程中加强对内部信息的保护，并采取有效措施。在可视化竞争情报服务运行过程中，不仅要不断获取对本企业有用的情报，还要保护本企业的重要情报不被其他企业获取。因此，企业应该从内外两个方面着手设置安全防范措施。

（1）对内，应该严格控制进入可视化竞争情报服务室的不同人员的访问权限，利用访问权限控制不同密级情报的传播范围。可视化竞争情报服务提倡信息共享，但这是以信息安全为前提的。企业员工得到的有关企业外部竞争环境以及内部经营环境的信息密集聚合到可视化竞争情报服务室，但可视化竞争情报服务室内的信息却不能无限制地流向企业所有员工，而应该根据不同人员的工作性质提供访问权限。对于超出访问权限的信息请求，则需要进行多方考核、审查，以决定是否接受该请求。

（2）对外，则需要对能够接近较高密级情报的管理人员进行信息安全培训，使他们在日常工作、新闻发布以及人际交往等过程中能够有意识、有策略地控制信息外溢，以挫败竞争对手的竞争情报活动。但是，仅仅依靠企业管理人员的反情报活动还不足以应对竞争对手严密的竞争情报活动。他们会多方探求企业及企业员工在日常行动中形成的标识和指示，以拼接他们所掌握的有关企业战略或行动计划的拼图图块。为了降低观察和识别到这些标识与指示的可能性，使竞争者找不到我方情报拼图的图块，在可视化竞争情报服务运行过程中我们还需要融入安全保障策略（Operation Security，OPSEC），作为信息安全防护的重要手段。OPSEC 是西方企业比较流行的一种保密方法，它通过系统分析，确定竞争对手如何及时获得对他们有价值的关键信息[①]。该方法分析竞争对手如何获得信息，如何利用信息，以及自己失去信息需付出多大的代价，保护信息又需要多少成本。另外，根据每一项信息的相对重要性来确定适当的保护措施，防止对方得到关键信息。

① 曾忠禄. 情报制胜：如何搜集、分析和利用企业竞争情报［M］. 北京：企业管理出版社，1999：280-283.

第四节　评估控制

可视化竞争情报服务的交付成果包括：（1）对整个竞争环境的理解；（2）面对竞争环境的变化，竞争各方的可能反应；（3）识别关键风险和机会；（4）为不可预测事件做准备；（5）识别本企业的弱点，以便将不利因素降至最低；（6）增强企业面对迅速变化的环境的敏捷性；（7）为本企业制定战略组合，等等。为了确认开展服务后能否取得这些成果，应对这些成果在企业中的应用情况进行监控和评价，进而实现有效的评估控制，这就需要选择合适的评估工具和评估方法对项目成果进行跟踪评价。

一、评估目的

评估是驱动人们行为的内在动力，是调节社会群体行为过程的重要因素，具有强劲的社会导向效应，其作用在于以评估结果为基础，形成相应的对策，影响人们对被评估事物的心态与行为取向①。对可视化竞争情报服务的评估可以将该项目对企业的贡献定量化或定性化，让人们更清楚地看到该项目对企业的贡献，对团队成员的贡献给予肯定，提高企业对该项目的重视程度；同时，评估还可以对可视化竞争情报服务交付成果的实际应用进行跟踪，以考察交付成果在企业中产生的有利影响，并对不利影响进行控制。因此，对可视化竞争情报服务进行评估的目的主要有两个：一是成果评价，二是成果应用监控。通过对可视化竞争情报服务进行成果评价和成果应用监控，可以反映可视化竞争情报服务中存在的问题，为可视化竞争情报服务的改进提供依据。

① 马费成，李纲，查先进. 信息资源管理［M］. 武汉：武汉大学出版社，2000：357-360.

（一）成果评价

成果评价就是对可视化竞争情报服务的交付成果的实际效用进行定性和定量的评价。可视化竞争情报服务开展过程是一个团队合作性的知识生产过程，因此其交付的成果都是无形的知识产品，这种知识产品又分为显性知识产品和隐性知识产品两种。显性知识产品是指项目开展过程中和结束后的一些书面总结与报告；而隐性知识产品则指所有项目参与者在内心、思想以及观念上的变化，如战争游戏角色扮演者在游戏中所获得的洞察力的提高、问题视角的开阔等。

（二）成果应用监控

成果应用监控是指根据评估指标的变化情况对项目成果在企业运行发展中的作用和效应进行监测，以利于项目团队针对异常情况采取适当的补救措施。可视化竞争情报服务毕竟只是根据搜集的情报对现实竞争环境进行了模拟，现实中的市场环境具有更强的动态性、复杂性和不确定性，从项目中得到的一些结论、提出的一些应对措施在现实环境中只能起到参照作用。项目成果在实际运用的时候不可避免地会出现一些不完全符合预期的问题，进行成果评价时可以通过指标监控及时发现这些问题，进而提出解决方案，避免损失。

二、评估原则

开展可视化竞争情报服务的评估工作需要坚持以下几项原则。

1. 科学、系统地制定评估指标

科学、系统是任何评估工作都必须坚持的基本原则。科学、系统的评估指标是保证评估工作公平、合理、全面、严谨的首要条件，是评估工作令人信服的基础。只有评估指标科学、系统，评估工作的开展才会有价值、有意义。

2. 定性和定量指标相结合

可视化竞争情报服务的成果既有显性知识产品又有隐性知识产品，这种成果所带来的不仅仅是财务数字的变化，更重要的是对员工思想认识和分析能力上的改变，这种改变是不能完全通过数字衡量的，还需要进行定性分析描述。因此，可视化竞争情报服务工作成果的评估指标须既要有定性指标又要有定量指标。

3. 坚持定期评估，合理制定评估周期

对可视化竞争情报服务的评估应该在项目完成之后定期开展，这样有利于各项指标的对比，以寻找差异，并从中分析成果应用中存在的问题。当然，定期评估需要合理制定评估周期，周期过长，容易延误解决问题的时机；周期过短，评估过于频繁，则会造成资源浪费，也容易引起人们的厌烦心理。评估周期可以根据企业所处竞争环境的动态变化程度制定。

4. 激励团队成员

项目成果的评估结果应在企业内部公开发布，对于项目取得的成绩应进行褒奖，对项目的不足应提出深刻的反思总结，以充分发挥评估的激励作用。可视化竞争情报服务是一项充满活力和激情的工作，对团队成员工作的嘉奖会激励他们更加努力、更富有创造力地完成日后的项目；而批评也是他们前进的动力，会激励他们不断地总结，完善自我，从而取得更加辉煌的战绩。

三、评估工具选择

对可视化竞争情报服务项目成果进行评估，应该选择合适的评估工具。根据评估的目的和原则，以及项目成果的特点，企业选择评估工具的标准应该包括以下几点。

（1）集定性和定量指标于一体。

（2）有利于表达项目成果及其实践效果的关系。

（3）评估系统可以对项目成果的应用情况进行监控。

（4）评估指标必须与企业战略目标保持一致。

可视化竞争情报服务的知识产品成果大多内化于企业的各个环节和工作任务中，间接或无形地实现对企业的贡献，这种贡献很难通过财务度量的方式来衡量。因此，需要采用包括财务指标和非财务指标相结合的多元化指标体系，即进行综合绩效评估，平衡计分卡系统提供了这样一种评估工具。

平衡计分卡是卡普兰和诺顿经过对 12 家在绩效评价方面处于领先地位的企业进行为期一年的项目研究后提出的一种战略绩效评价工具。传统的绩效评价只注重财务指标，造成了许多缺陷。例如，只能衡量过去发生的事情和过去经营活动结果，无法评估组织前瞻性的投资；只使用财务指标衡量绩效容易导致管理者过分注重短期的财务成果而采取一些“杀鸡取卵”的短视行为，等等。平衡计分卡不仅提供评估过去成果的财务性指标，同时对客户、内部过程以及学习与成长三方面进行绩效考核，以弥补传统方法的不足。它不仅可以从财务、客户、内部过程及学习与成长四个方面系统地描述可视化竞争情报服务对企业产生的影响，多维度地平衡指标评价因素，有利于将可视化竞争情报服务的工作成果落实到具体的行动之中，并对其效果进行监控，而且还可以从主观和客观两方面综合评价可视化竞争情报服务项目取得的效益，既有定性指标又有定量指标，既考虑了外部因素又考虑了内部因素。另外，其学习与成长维度的评估也有利于可视化竞争情报服务的长远发展。

四、评估体系与评估步骤

（一）评估体系

1. 评估框架

根据平衡计分卡原理设计的可视化竞争情报服务运行成果评估框架如图 5-5 所示。

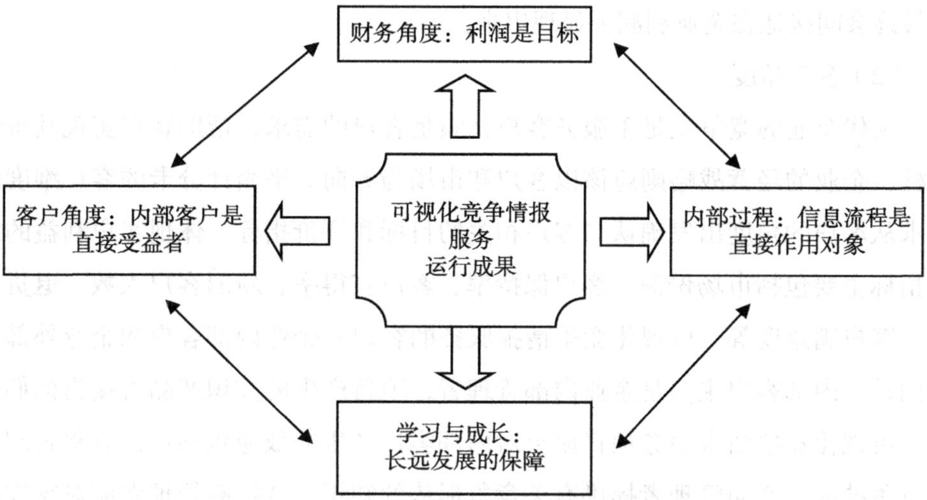

图 5-5　可视化竞争情报服务运行成果评估框架

平衡计分卡的四个方面分别用一系列的指标进行描述，它们相互支持，并通过因果关系联系构成一个完整的评价考核体系。例如，为了实现财务绩效目标，可视化竞争情报服务成果必须对内部客户产生积极的影响，从而促使企业有良好的市场表现，扩大现有市场或开拓新市场，进而赢得外部客户；为了获取市场，企业需要从外部客户的需求出发改善内部经营过程，以提高产品和服务质量，这又取决于可视化竞争情报服务团队对市场洞察和战略机会识别的有效性；而可视化竞争情报服务团队的分析预测能力又与团队成员的学习和成长有关，等等。

2. 指标体系

（1）财务角度

平衡计分卡的财务方面涵盖了传统的绩效评价要素，目的是掌握企业的短期盈利状况，主要指标包括营业收入、资本报酬率、经济增加值和现金流量等。利润是企业存在的理由，企业所有的创新改造都应指向财务目标。可视化竞争情报服务需要一定的资金投入，也就需要实现一定的财务利润。从财务方面的指标可以看出，可视化竞争情报服务的开展是否带来了企业绩效的提高，对净利润的提高是否有帮助。虽然这种项目不能直接创造经济效益，但它的财务贡献最终会间接地在企业利润上显现出来。

（2）客户角度

现代企业的竞争立足于服务客户，满足客户的需求，帮助客户实现其价值目标，企业的经营战略则应该以客户和市场为导向。平衡计分卡的客户维度就要求从客户的角度出发确认与客户相关的目标和评价指标，体现客户利益的结果指标主要包括市场份额、客户保持率、客户获得率、新旧客户人数、退货次数、客户满意度等。可视化竞争情报服务的客户有企业内部客户和企业外部客户两种。内部客户主要是企业内部管理者，项目产生的知识产品直接为他们服务。可视化竞争情报服务项目成果对内部客户产生的效应包括：①改善管理者的竞争技能，②向管理者提供有关竞争形势的知识，③提高管理者应对突发事件的能力，④增强管理者“像竞争对手那样思考”的能力，⑤拓宽管理者的竞争视角，⑥增强管理者的市场洞察能力，等等。当然，对于这种内部客户效应的评估很难用定量指标来衡量，需要设置定性指标。可视化竞争情报服务项目成果对外部客户指标的影响则主要是通过内部客户效应间接产生的。

（3）内部过程

可视化竞争情报服务工作成果的平衡计分卡考虑的内部过程主要是企业内部信息流程的优化，包括信息易得性、信息流动无障碍、知识交流的充分性以及管理者协同工作的有效性等。信息易得性是指企业员工可以随时获得所需要的权限范围内的信息。信息流动无障碍是指企业各部门的信息口径一致，信息在各部门之间实现无缝隙流动。知识交流的充分性是指通过可视化竞争情报服务，企业认识到知识的重要性和企业内部知识的无限性，从而建立起有效的知识交流机制，促进企业内部的知识交流。管理者协同工作的有效性是指通过可视化竞争情报服务，企业内部管理者能够掌握团队合作和沟通交流的技巧，增强战略协同意识和能力，提高战略执行的效率。

信息流程的优化会促进内部业务过程的优化。内部业务过程是指根据以客户为导向制定的市场定位开展的产品研发、生产或服务及售后服务等一系列活动。平衡计分卡要求企业从整体经营战略出发分析业务流程，辨认或创造出能够持续增加客户和股东价值的关键流程，并使之转化为能为客户提供较高战略价值的能力，形成企业独特的竞争优势。内部业务过程绩效评价指标主要有新产品设计能力、周转时间、质量、成本、返工率、客户付款时间等。

（4）学习与成长

学习与成长方面考察可视化竞争情报服务团队持续发展的能力和创造未来价值的情况，注重分析满足需求的能力和现有能力的差距，强调团队为了企业的竞争能力和未来发展，必须不断寻求学习与成长的机会。为促进可视化竞争情报服务团队工作的进步和完善、更有效地支持企业的战略发展，充分调动团队成员工作的热情和积极性，企业需要关注可视化竞争情报服务团队的氛围和满意度等问题。可视化竞争情报服务应该定位于适应将来的发展和挑战。要使可视化竞争情报服务工作不断完善、对企业的贡献不断增加，就需要持续地创新和学习，分析满足企业管理人员的情报需求和决策辅助应该具备的能力与现有能力之间的差距，并通过学习创新弥补差距。因此，应该保障可视化竞争情报服务团队成员的培训和教育机会，提高成员的知识水平和分析、预测能力。可视化竞争情报服务学习与成长方面的绩效评价指标包括团队成员满意度、团队成员的保持率、内部激励机制的有效性、可视化竞争情报服务工作流程的改进效率、可视化竞争情报服务工作人员的岗位胜任度、可视化竞争情报服务团队成员平均培训次数以及人均再培训投资。学习与成长方面的指标是实现财务、客户和内部过程方面指标的基础，并为可视化竞争情报服务功能的实现提供人才保障。

（二）评估步骤

利用平衡计分卡框架对可视化竞争情报服务运行成果进行的评估主要包括以下三个步骤。

1. 选择评估指标

不同的企业具有不同的运行特点，面临不同的竞争环境和竞争态势，开展可视化竞争情报服务工作的目的也有所侧重，所以不同的企业对可视化竞争情报服务运行成果进行评估选择的指标也会有所不同。在某一可视化竞争情报服务项目完成后，企业可以根据该项目的性质和影响范围选择评估指标。

2. 确定测评方法

对于定性指标，可以采用访谈、问卷调查或测评人员以预设标准为依据采用定性打分等方式获取测评数据。对于定量指标，既可以采用相对标准，也可以采用绝对标准。相对标准可以根据企业将可视化竞争情报服务成果运用于实践前后指标数据的变动情况加以测算、评价，绝对标准则需要根据记录的当期数据进行测算。

3. 构建信息反馈体系

为了有效掌握可视化竞争情报服务交付成果的应用情况，需要建立一个完善的以可视化竞争情报服务为中心的信息反馈体系，用于收集可视化竞争情报服务项目成果的推广程度以及对企业经营与竞争产生的各种影响。企业各部门需要及时向可视化竞争情报服务团队反馈成果应用情况，团队根据评估标准进行评测，同时对异常情况进行必要处理。因此，可视化竞争情报服务团队与各部门之间的信息应双向流动，以有利于事后运行过程的改进。

第六章

可视化竞争情报服务的运行保障

根据可视化竞争情报服务运行框架可知，运行准备旨在为运行过程奠定良好的运行环境与资源基础，运行控制旨在对运行过程进行有效的指导与协调。为了实现充分的运行准备以及有效的运行控制，最终促进运行过程的顺利开展，需要强有力的运行保障作为支撑。本章对可视化竞争情报服务运行保障模型与指标体系进行探索，以构建可视化竞争情报服务的运行保障体系，并探究为可视化竞争情报服务在我国可持续发展所应提供的保障性措施。

第一节　可视化竞争情报服务运行保障模型

一、运行保障模型

可视化竞争情报服务运行保障是指为了保证企业不仅能够开展可视化竞争情报服务，而且能够将其作为一种持续行为，提供所需的各项辅助性措施。从可视化竞争情报服务运行框架可以看出，为了使可视化竞争情报服务这一竞争情报工作范式得以可持续发展，需要有良好的企业制度、完善的理论体系和培训体系作为支撑。对于一个现实中运行的企业来说，它能否采纳并维持可视化竞争情报服务，取决于企业对可视化竞争情报服务的看法，取决于可视化竞争情报服务团队能够为企业做些什么，以及可视化竞争情报服务的实践效果。因此，我们可以制度保障、理论保障、培训体系为概念层面，以企业认知、团队能力、实践效果为现实层面，来构建可视化竞争情报服务运行保障模型，如图 6-1 所示。

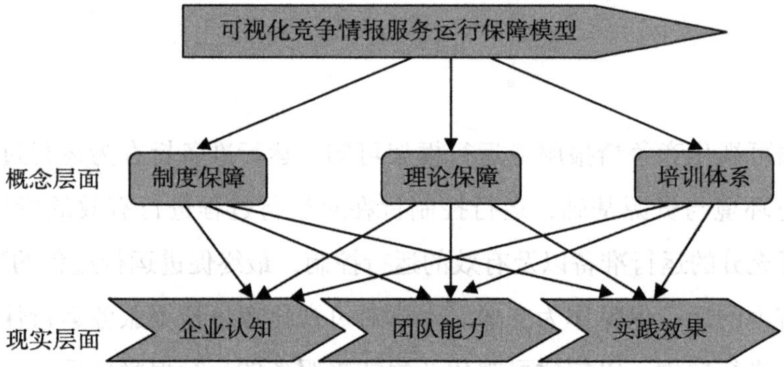

图 6-1　可视化竞争情报服务运行保障模型

企业认知方面包括企业接受并开展可视化竞争情报服务的影响条件，以及为了促进可视化竞争情报服务的顺利开展企业所应提供的环境条件。团队能力是指为了保证可视化竞争情报服务的顺利运行，可视化竞争情报服务团队所应具备的软硬件条件。实践效果是指为了保证企业将可视化竞争情报服务作为一种长期的竞争情报工作范式，可视化竞争情报服务运行成果应该实现的效应。

二、运行保障指标体系

根据上述可视化竞争情报服务运行保障模型，综合可视化竞争情报服务目标、特征以及运行准备、运行过程和运行控制的相关内容，抽取、挖掘可视化竞争情报服务运行保障指标，并经过不断修正和调整，形成了表 6-1 所示的可视化竞争情报服务运行保障指标体系。

表 6-1　可视化竞争情报服务运行保障指标体系

指标维度	主要描述变量
企业认知	企业规模、竞争环境、信息过载问题、信息闲置问题、创建与实施成本、室内四壁作为信息展示系统的可接受程度、管理者情报意识、管理者战略协同意识、决策者情报需求表达能力、企业高管的支持、在企业决策过程中的地位、组织位置、管理制度、信息资源集成、固定的专门场所
团队能力	外部顾问的聘请、团队成员的积极性与创造性、团队结构、信息沟通效率、室内空间色彩搭配、设施布局、动态信息跟踪与监测、获取信息全面、信息展示更新速度、信息收集方法、主题数目设置、图示化（展示化）信息方法、信息分类合理、信息展示美观、信息展示易理解、信息展示可扩充、信息分析方法、信息技术先进性、信息技术适用性、模拟技术、决策支持技术
实践效果	地位提升、企业内部学习氛围提升、管理者访问次数增加、集中办公、决策者分析判断能力提升、企业应对突发事件反应速度提高、管理者换位思考能力提高、室内四壁作为信息展示系统与纸质文件相比有效性提高、室内四壁作为信息展示系统与计算机显示屏相比有效性提高

上述指标仍然过多，且相互间依然存在一定的相关性，反映的信息在一定程度上有重叠并且比较分散，不利于抓住关键因素，从而难以保障可视化竞争情报服务的顺利推进。用较少的综合指标对可视化竞争情报服务的运行保障因素进行分析，容易抓住主要矛盾，使问题简化。为了尽量避免底层指标删减过程中造成的信息流失和信息量的不完整，我们可采用因子分析法对这些信息进行处理，在保证信息完整性的同时又可以将含有重复信息的指标进行归类，以提高信息的准确性。

第二节　模型验证过程

一、方法与步骤

要形成科学的指标体系，不仅需要进行理论收集和总结，更需要进行实证调查与分析。根据理论调查和案例分析得到的运行保障模型与指标，仍需要结合企业实际做进一步验证分析，以探讨可视化竞争情报服务运行保障问题。首先，基于可视化竞争情报服务运行保障模型和指标体系，进行量表设计与开发，并采用问卷调查法获取实证数据；其次，利用 SPSS 因子分析方法，对数据进行统计与分析；最后，根据分析结果，对运行保障模型和指标体系进行验证，并对其做进一步修正与完善，最终构建出更具科学性、客观性、有效性与实用性的可视化竞争情报服务运行保障模型和指标体系。

考虑观测变量可识别度与可判断性，问卷采用通行的 5 级 LIKERT 量表，数值“1”表示非常不重要、“3”表示中等、“5”表示非常重要。LIKERT 量表有两个特征：（1）每一个态度项目都具有相同量值，但项目之间没有差别量值；（2）对同一项目而言，受访者的反应是不同的（具有差别量值）。

因子分析是一种多变量降维、化简技术，其主要目的是将具有错综复杂关系的变量综合为少数几个核心因子。它通过对原始变量进行分解，从中归纳出潜在的类别，用控制所有变量的少数公因子表示原来变量的主要信息。

二、调查研究

为了检验调查问卷的效度，在正式调查之前，在所提出的可视化竞争情报服务运行保障模型和指标体系的基础上设计预调查问卷即可视化竞争情报服务专家调查问卷，并进行预调研。通过初步调查，获取相关数据，并对预调研数据进行分析，同时根据检验结果对问卷进行修正，最终形成正式调查问卷。

正式调查问卷共设 45 个问题，其中可视化竞争情报服务企业认知维度指标观测变量为 15 项，可视化竞争情报服务团队能力维度指标观测变量为 21 项，可视化竞争情报服务实践效果维度指标观测变量为 9 项。

根据可视化竞争情报服务特点，我们可将调查分为两个层面：专家调查和企业调查，采用“方便抽样”与“目标式抽样”相结合的方法选取样本。其中，专家调查对象是学术界研究企业信息、情报和竞争战略等相关方面的专家学者；而企业调查对象则主要是企业内负责信息、情报等相关工作的人员。并且，这两个层面的调查采用同一调查问卷。

本次调查共发放正式调查问卷 350 份，回收 249 份，回收率为 71.14%，其中有效问卷为 237 份，有效回收率为 67.71%。在 350 份问卷中，专家问卷发放 120 份，回收 74 份，回收率为 61.66%，其中有效问卷 67 份，有效回收率为 55.83%；企业问卷发放 230 份，回收 175 份，回收率为 76.08%，其中有效问卷 170 份，有效回收率为 73.91%。本次调查回收专家有效问卷和企业有效问卷共 237 份，达到戈萨奇（1983）提出的问项与调查对象 1∶5 的比例。

数据预处理主要是填补有效问卷中的缺失值。造成调查数据缺失的原因主要有两个，一个是因为被调查对象的疏忽而遗漏，另一个则是问题对于被调查对象来说不可用。本次调查对象的选择比较有针对性，仅有极个别调查数据的遗漏，采用平均值填充（Series Mean）的方法补足缺失值，即用整列变量的均值代替缺失值。

三、数据分析与讨论

（一）描述性分析

在进行因子分析之前，首先要对样本的描述性特征进行必要的分析。

1. 样本的基本特征

本研究正式调查采用专家问卷和企业问卷两种形式，以下是对正式调研的样本基本特征的分析，分别见表 6-2、表 6-3、表 6-4 和表 6-5。

表 6-2　样本的教育程度分布状况

单位：人

类型	初中及以下	高中及中专	大专	本科	研究生
全部问卷	0	2	12	101	122
	0	0.8%	5.1%	42.6%	51.5%
专家问卷	0	1	0	15	51
	0	1.5%	0	22.4%	76.1%
企业问卷	0	1	12	86	71
	0	0.6%	7.1%	50.6%	41.8%

表 6-3　样本的专业技术职称分布状况

单位：人

类型	初级专业技术职称	中级专业技术职称	副高级专业技术职称	正高级专业技术职称
全部问卷	53	105	49	30
	22.4%	44.3%	20.7%	12.7%
专家问卷	8	22	13	24
	11.9%	32.8%	19.4%	35.8%
企业问卷	45	83	36	6
	26.5%	48.8%	21.2%	3.5%

表 6-4　样本的职业分布状况

单位：人

类型	教育工作者	科研人员	管理人员	销售及市场开拓人员	企业战略规划人员	竞争情报工作人员	企业信息工作者	其他
全部问卷	41	37	56	38	21	14	25	5
	17.3%	15.6%	23.6%	16.0%	8.9%	5.9%	10.5%	2.1%
专家问卷	41	12	9	0	0	4	0	1
	61.2%	17.9%	13.4%	0	0	6.0%	0	1.5%
企业问卷	0	25	47	38	21	10	25	4
	0	14.7%	27.6%	22.4%	12.4%	5.9%	14.7%	2.4%

表 6-5　样本的行业分布状况

单位：人

所在行业	制造业	建筑业	商业	交通运输业	邮政业	能源材料业
企业问卷	27	5	19	3	0	6
	15.9%	2.9%	11.2%	1.8%	0	3.5%
所在行业	房地产业	信息技术业	金融业	公共设施管理业	通信服务业	其他
企业问卷	11	49	24	4	8	14
	6.5%	28.8%	14.1%	2.4%	4.7%	8.2%

从表 6-5 中可以看出，在本次调查中，企业问卷调查主要覆盖信息技术业、制造业、金融业、商业、房地产业、通信服务业等行业的企业，基本上覆盖了各种类型的企业，具有一定的代表性。

2. 变量描述性统计分析

变量描述性统计分析主要包括每个变量的最小值、最大值、均值和标准差等信息。

专家问卷和企业问卷主要观测变量的描述性统计分析结果，具体如表 6-6 所示。

表 6-6　观测变量描述性统计分析

变量	专家问卷					企业问卷				
	样本	最小值	最大值	均值	标准差	样本	最小值	最大值	均值	标准差
Q1	67	3	5	4.7164	0.5451	170	1	5	4.3941	0.8306
Q2	67	1	5	3.4776	0.8045	170	2	5	3.4941	0.8086
Q3	67	2	5	3.5821	0.8193	170	1	5	3.7706	0.8287
Q4	67	2	5	3.8507	0.9088	170	1	5	3.6488	1.0722
Q5	67	1	5	3.8657	0.8858	170	1	5	3.6706	0.8125
Q6	67	2	5	4.1493	0.8394	170	2	5	3.8588	0.8791
Q7	67	2	5	3.6716	0.8051	170	1	5	3.4941	0.9499
Q8	67	2	5	3.806	0.7831	170	1	5	3.3588	0.9764
Q9	67	2	5	4.0448	0.7674	170	1	5	3.7	0.966
Q10	67	2	5	4.2537	0.7456	170	1	5	4.0647	0.9367

（续表）

变量	专家问卷					企业问卷				
	样本	最小值	最大值	均值	标准差	样本	最小值	最大值	均值	标准差
Q11	67	1	5	2.9403	0.9355	170	1	5	3.1941	1.1630
Q12	67	2	5	3.8507	0.8748	170	1	5	3.6941	0.9973
Q13	67	1	5	3.3582	0.9162	170	1	5	3.7941	1.0082
Q14	67	2	5	4.2687	0.8087	170	1	5	3.3941	1.0394
Q15	67	2	5	3.4925	0.9108	170	2	5	4.0824	0.8315
Q16	67	2	5	3.7910	0.7694	170	1	5	3.7118	0.9937
Q17	67	2	5	3.8806	0.9458	170	1	6	3.7059	0.8610
Q18	67	2	5	3.8955	0.9233	170	1	5	3.7765	0.8686
Q19	67	2	5	4.1493	0.7638	170	2	5	3.9706	0.8732
Q20	67	2	5	3.9254	0.8037	170	1	5	4.0176	0.8802
Q21	67	1	5	3.0448	1.0507	170	2	5	3.9353	0.8914
Q22	67	1	5	3.806	0.8570	170	1	5	3.2824	0.9372
Q23	67	1	5	3.4328	0.9083	170	1	5	3.8294	0.8498
Q24	67	1	5	4.0448	0.9444	170	1	5	3.7412	0.9122
Q25	67	2	5	4.2239	0.7750	170	1	5	4.000	0.9421
Q26	67	1	5	3.7612	0.9226	170	1	5	4.0647	0.8780
Q27	67	2	5	4.0299	0.8343	170	1	5	3.7412	0.9122
Q28	67	1	5	4.3582	0.8475	170	1	5	3.9941	0.8737
Q29	67	2	5	4.4179	0.7814	170	2	5	4.1176	0.7679
Q30	67	1	5	4.194	0.8209	170	1	5	4.1412	0.9377
Q31	67	2	5	3.7015	0.6966	170	1	5	3.9647	0.8348
Q32	67	2	5	3.4179	0.7814	170	1	5	3.716	0.8917
Q33	67	1	5	3.7910	0.8445	170	1	5	3.4353	0.9029
Q34	67	1	5	3.4328	0.8743	170	1	5	3.6294	0.8554
Q35	67	2	5	4.1493	0.7437	170	1	5	3.4675	0.7381
Q36	67	1	5	4.2239	0.7750	170	1	5	3.9412	0.8192
Q37	67	2	5	4.0299	0.7972	170	1	5	4.1059	0.8430
Q38	67	1	5	3.8507	0.8748	170	1	5	3.9353	0.8576

（续表）

变量	专家问卷					企业问卷				
	样本	最小值	最大值	均值	标准差	样本	最小值	最大值	均值	标准差
Q39	67	2	5	4.1940	0.8570	170	2	5	3.9588	0.8928
Q40	67	1	5	3.2836	0.8493	170	1	5	3.8765	0.8784
Q41	67	1	5	3.3284	0.8771	170	1	5	3.2882	0.8733
Q42	67	1	5	3.3284	0.8419	170	1	5	3.4588	0.9428
Q43	67	1	5	3.5373	0.9898	170	1	5	3.2059	0.9224
Q44	67	2	5	3.806	0.7635	170	2	5	3.7706	0.8568
Q45	67	2	5	4.0597	0.8327	170	1	5	3.8588	1.0223

（二）信度检验

内部一致性信度特别适合 Likert 量表，如 Cronbach's α 系数，而且在实际应用中，Cronbach's α 值至少要大于 0.5，最好大于 0.7。我们采用 SPSS 软件中的 Cronbach's α 系数对量表进行信度检验。

表 6-7 和表 6-8 列出两种问卷每个概念量表的 Cronbach's α 系数值。从中可以看出，来自专家问卷各个概念量表的 Cronbach's α 系数值处于 0.70 ~ 0.88，来自企业问卷各个概念量表的 Cronbach's α 系数值处于 0.77 ~ 0.89，都达到了 0.70 的可接受信度水平，这表明回收问卷有比较高的信度水平，各量表均具有良好的内部一致性。

表 6-7 量表 Cronbach's α 系数（专家问卷）

量表名称	问题个数	Cronbach’s α 系数
可视化竞争情报服务企业认知	15	0.8579
可视化竞争情报服务团队能力	21	0.8708
可视化竞争情报服务实践效果	9	0.7091

表 6-8　量表 Cronbach's α 系数（企业问卷）

量表名称	问题个数	Cronbach's α 系数
可视化竞争情报服务企业认知	15	0.7888
可视化竞争情报服务团队能力	21	0.8871
可视化竞争情报服务实践效果	9	0.778

（三）因子分析

1. 适用性分析

因子分析的前提是变量 q1，q1，……q54 之间的相关性。如果 q1，q1，……q54 之间正交了，就不会存在公共因子，做因子分析也就没有意义。因此，在进行因子分析之前，要检验 q1，q1，……q54 之间的相关性。只有相关性较高，才适合做因子分析。本书采用 KMO 样本测度和巴特利特球体检验两种相关性检验方法。KMO 越接近 1，越适合做公共因子分析；KMO 过小，则不适合做公共因子分析。数据是否适合因子分析，一般采用如下主观判断[①]：

（1）KMO ≥ 0.9，非常适合；

（2）0.8 ≤ KMO < 0.9，很适合；

（3）0.7 ≤ KMO < 0.8，适合；

（4）0.6 ≤ KMO < 0.7，不太适合；

（5）0.5 ≤ KMO < 0.6，勉强适合；

（6）KMO < 0.5，不适合。

巴特利特球体检验从整个相关系数矩阵考虑问题，其零假设 H_0 是相关系数矩阵为单位矩阵，可以用常规的假设检验判断相关系数矩阵是否显著异于零。当巴特利特统计值的显著性概率小于等于 α 时，拒绝 H_0，可以做因子分析。

本次调查总样本数据的 KMO 与巴特利特球体检验结果如表 6-9 所示。

① 马庆国. 管理统计——数据获取、统计原理、SPSS 工具与应用研究［M］. 北京：科学出版社，2002：320.

表 6-9 KMO 与巴特利特球体检验

KMO 值		0.863
巴特利特球体检验	χ^2 值	4728.642
	自由度	990
	显著性	0.000

表 6-9 显示，KMO 值为 0.863，适宜做因子分析。表 6-9 中的巴特利特球体检验的 χ^2 统计值的显著性概率是 0.000，小于 1%，说明数据具有相关性，适宜做因子分析。

2. 因子提取

利用主成分法，提取特征值大于 1 的主成分作为公共因子，获取初始的因子分析结果。从表 6-10 中可以看出，共有 12 个因子的特征值大于 1，且这 12 个因子的积方差贡献率达到了 64.742%，较为理想。如果降低特征值标准，提取更多的公共因子，虽然可以提高积方差贡献率，但是在后面的因子负荷矩阵中，负荷系数偏向不明显，因而仍采用 12 个因子。

表 6-10 总方差分解

序号	初始特征值			抽取因子但未进行因子旋转			抽取因子并进行因子旋转		
	特征值	方差贡献率（%）	积方差贡献率（%）	特征值	方差贡献率（%）	积方差贡献率（%）	特征值	方差贡献率（%）	积方差贡献率（%）
1	11.961	26.579	26.579	11.961	26.579	26.579	3.222	7.161	7.161
2	3.034	6.743	33.322	3.034	6.743	33.322	2.994	6.653	13.814
3	2.221	4.934	38.257	2.221	4.934	38.257	2.941	6.536	20.350
4	1.783	3.963	42.220	1.783	3.963	42.220	2.765	6.144	26.494
5	1.618	3.596	45.816	1.618	3.596	45.816	2.603	5.784	32.278
6	1.498	3.329	49.145	1.498	3.329	49.145	2.198	4.884	37.162
7	1.448	3.219	52.363	1.448	3.219	52.363	2.180	4.844	42.006
8	1.231	2.737	55.100	1.231	2.737	55.100	2.155	4.788	46.794
9	1.169	2.598	57.698	1.169	2.598	57.698	2.151	4.780	51.575
10	1.104	2.452	60.151	1.104	2.452	60.151	2.088	4.641	56.215

（续表）

序号	初始特征值			抽取因子但未进行因子旋转			抽取因子并进行因子旋转		
	特征值	方差贡献率（%）	积方差贡献率（%）	特征值	方差贡献率（%）	积方差贡献率（%）	特征值	方差贡献率（%）	积方差贡献率（%）
11	1.049	2.331	62.482	1.049	2.331	62.482	1.989	4.420	60.636
12	1.017	2.26	64.742	1.017	2.260	64.742	1.848	4.106	64.742
13	0.981	2.181	66.922						
14	0.900	2.000	68.923						
15	0.847	1.882	70.805						
16	0.777	1.727	72.532						
17	0.767	1.704	74.236						
18	0.733	1.629	75.865						
19	0.697	1.549	77.414						
20	0.688	1.528	78.942						
21	0.669	1.486	80.428						
22	0.612	1.360	81.789						
23	0.606	1.346	83.134						
24	0.587	1.304	84.439						
25	0.543	1.207	85.646						
26	0.515	1.145	86.791						
27	0.511	1.136	87.927						
28	0.456	1.012	88.939						
29	0.436	0.969	89.909						
30	0.424	0.942	90.851						
31	0.408	0.906	91.757						
32	0.393	0.873	92.630						
33	0.364	0.809	93.439						
34	0.335	0.744	94.183						
35	0.327	0.726	94.909						
36	0.300	0.666	95.575						
37	0.290	0.644	96.220						

（续表）

序号	初始特征值			抽取因子但未进行因子旋转			抽取因子并进行因子旋转		
	特征值	方差贡献率（%）	积方差贡献率（%）	特征值	方差贡献率（%）	积方差贡献率（%）	特征值	方差贡献率（%）	积方差贡献率（%）
38	0.276	0.614	96.833						
39	0.253	0.562	97.396						
40	0.235	0.521	97.917						
41	0.229	0.509	98.427						
42	0.202	0.45	98.877						
43	0.181	0.402	99.279						
44	0.174	0.387	99.666						
45	0.15	0.334	100						
提取方法：主成分法									

同时，图 6-2 所示的碎石图更能清楚地展现各因子负荷系数的偏向情况，可见前 12 个因子作为公共因子时损失较少。

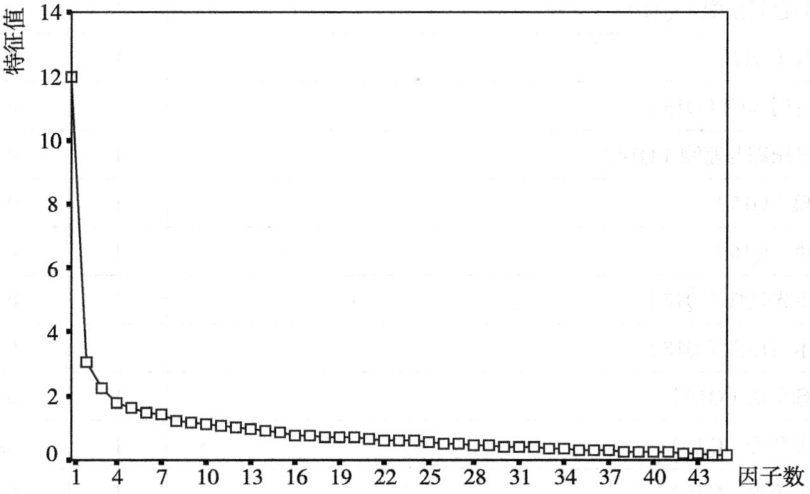

图 6-2　碎石图

总变异由共同性及独特性组成，共同性（Communality）是指总变异可被潜伏因素解释的部分，相当于可解释变异。海尔等人（1998）曾提出，若是变量的共同性小于 0.3，则要将该变量删除。从表 6-11 中可以看出，本研究变量的共同性最低为 54.8%，最高为 73.8%，所有变量的共同性都在 50% 以上，因此所提取的公共因子基本可以较好地反映所代表的变量的信息。

表 6-11　变量共同性表

变量	初始值	共同性
企业高管的支持（Q1）	1	0.724
信息过载问题（Q2）	1	0.619
信息闲置问题（Q3）	1	0.675
图示化（展示化）信息方法（Q4）	1	0.616
在企业决策过程中的地位（Q5）	1	0.648
决策者情报需求表达能力（Q6）	1	0.659
外部顾问的聘请（Q7）	1	0.711
模拟技术（Q8）	1	0.633
决策支持技术（Q9）	1	0.706
信息资源集成（Q10）	1	0.676
室内空间色彩搭配（Q11）	1	0.605
组织位置（Q12）	1	0.574
固定的专门场所（Q13）	1	0.705
动态信息跟踪与监测（Q14）	1	0.644
企业规模（Q15）	1	0.683
竞争环境（Q16）	1	0.553
信息技术先进性（Q17）	1	0.613
信息技术适用性（Q18）	1	0.673
获取信息全面（Q19）	1	0.738
信息分类合理（Q20）	1	0.656
信息展示美观（Q21）	1	0.703
信息展示易理解（Q22）	1	0.627
信息展示可扩充（Q23）	1	0.574
信息展示更新速度（Q24）	1	0.667

（续表）

变量	初始值	共同性
企业应对突发事件反应速度提高（Q25）	1	0.601
企业内部学习氛围提升（Q26）	1	0.634
信息沟通效率提高（Q27）	1	0.603
决策者分析判断能力提升（Q28）	1	0.701
管理者情报意识（Q29）	1	0.69
管理者战略协同意识（Q30）	1	0.673
管理者换位思考能力提高（Q31）	1	0.603
主题数目设置（Q32）	1	0.57
创建与实施成本（Q33）	1	0.652
设施布局（Q34）	1	0.578
管理制度（Q35）	1	0.575
团队成员的积极性与创造性（Q36）	1	0.548
团队结构（Q37）	1	0.669
信息收集方法（Q38）	1	0.651
信息分析方法（Q39）	1	0.682
室内四壁作为信息展示系统的可接受程度（Q40）	1	0.667
室内四壁作为信息展示系统与纸质文件相比有效性提高（Q41）	1	0.713
室内四壁作为信息展示系统与计算机显示屏相比有效性提高（Q42）	1	0.684
集中办公（Q43）	1	0.623
管理者访问次数增加（Q44）	1	0.689
地位提升（Q45）	1	0.647
提取方法：主成分法		

但是利用主成分法提取的 12 个因子，系数分化并不太明显，如表 6-12 所示。因此，利用方差最大旋转方法旋转，使公共因子的负载向正负 1 或 0 靠近，这样有利于解释公共因子的实际含义。旋转后的因子矩阵如表 6-13 所示。根据旋转因子矩阵可以进行公共因子的确定、变量的归并与整合。

表 6-12　旋转前的因子矩阵

变量	因子											
	1	2	3	4	5	6	7	8	9	10	11	12
Q1	0.473	–0.164	–0.240	0.323	0.182	5.12E-04	1.25E-02	0.311	0.184	–0.240	–0.288	–8.48E-02
Q2	0.279	0.302	0.139	0.389	0.283	0.212	0.150	0.151	9.85E-02	0.178	0.162	0.204
Q3	0.351	0.354	0.223	–2.55E-02	0.249	0.190	–0.139	0.493	–8.15E-02	6.82E-02	–3.49E-02	5.21E-02
Q4	0.506	8.52E-02	–0.164	0.108	0.378	0.210	3.99E-02	–0.201	0.221	0.173	8.33E-02	7.00E-03
Q5	0.477	0.117	–0.136	0.388	–0.123	–2.62E-02	–3.79E-02	0.122	0.316	–0.251	2.40E-02	–0.206
Q6	0.558	–8.64E-02	–0.295	–8.83E-03	0.316	0.136	–0.120	–0.188	0.186	–8.61E-03	9.94E-02	–0.201
Q7	0.392	0.270	–0.179	–0.302	3.48E-02	–0.186	0.338	5.74E-02	0.317	0.149	0.114	–0.269
Q8	0.353	0.492	–0.137	0.256	0.265	–0.249	0.163	–1.08E-02	–3.12E-02	0.117	–9.25E-02	–6.63E-04
Q9	0.426	5.09E-02	–6.07E-02	0.404	3.13E-02	–0.445	0.303	–7.03E-02	–0.174	0.164	–4.38E-03	4.21E-02
Q10	0.557	–0.180	–3.78E-02	0.142	0.328	–0.249	–3.27E-02	–6.92E-02	–0.182	9.16E-02	–9.65E-02	–0.293
Q11	0.357	0.579	0.163	–0.192	–0.128	3.84E-03	2.66E-02	0.212	1.54E-02	–5.94E-02	–5.40E-02	–0.100
Q12	0.617	–5.09E-02	–0.109	0.145	3.66E-02	0.124	0.148	–0.188	–0.117	–5.10E-02	0.259	2.54E-02
Q13	0.489	–0.276	0.193	5.62E-02	–0.129	–1.86E-02	0.101	–5.26E-02	–0.314	–0.217	0.348	–0.230
Q14	0.566	0.19	–0.428	–0.261	6.44E-02	8.80E-02	2.35E-02	3.59E-02	1.66E-02	8.19E-02	4.51E-03	–0.122
Q15	0.504	–0.279	0.284	–8.18E-02	0.261	4.69E-02	0.313	8.16E-03	6.31E-02	–0.216	–0.201	–6.95E-02
Q16	0.511	0.205	8.70E-02	–0.22	0.150	3.24E-02	0.103	–0.138	–0.196	–0.320	–8.94E-04	–8.73E-03
Q17	0.562	7.30E-02	0.101	–8.90E-02	6.78E-02	–0.226	–0.184	–0.249	0.244	–9.07E-02	–8.36E-02	0.217
Q18	0.552	0.148	–2.73E-02	5.85E-02	7.60E-02	–0.436	–0.216	–0.182	–6.78E-02	–5.22E-02	–0.120	0.213

（续表）

变量	因子											
	1	2	3	4	5	6	7	8	9	10	11	12
Q19	0.442	6.83E-02	–0.156	–7.15E-02	0.177	–0.292	–0.328	0.210	–0.274	–6.65E-02	0.338	0.215
Q20	0.578	–0.163	0.215	0.107	–0.113	–0.211	–0.344	9.58E-03	7.94E-02	0.233	–2.65E-02	–2.86E-02
Q21	0.502	–6.83E-02	0.503	–0.121	0.196	9.19E-02	2.66E-02	7.37E-02	0.134	4.55E-02	0.206	0.251
Q22	0.522	0.373	–0.237	–0.350	–3.87E-02	–7.59E-02	2.19E-02	0.102	–5.02E-03	–7.86E-02	7.42E-02	8.72E-02
Q23	0.504	–0.225	0.301	–0.253	–3.96E-02	–0.114	–5.42E-02	–7.61E-02	0.176	0.205	6.15E-02	0.120
Q24	0.607	2.08E-02	–8.04E-02	–0.409	–3.45E-02	–3.43E-02	–9.66E-02	–0.140	–0.110	0.181	–0.217	1.95E-02
Q25	0.623	–0.259	–0.198	1.60E-02	–2.86E-02	–7.87E-02	–0.109	0.208	2.79E-02	–0.141	2.47E-02	0.153
Q26	0.516	–0.195	0.184	8.19E-02	–0.102	–5.79E-02	0.201	0.188	4.08E-02	–0.121	–0.350	0.248
Q27	0.422	–0.300	–0.145	0.161	–0.230	0.366	0.212	–3.80E-02	5.97E-02	0.145	3.63E-04	0.176
Q28	0.599	–0.157	–0.344	–0.126	–8.38E-02	0.255	–0.131	0.216	1.11E-04	0.150	–8.15E-02	0.132
Q29	0.568	–0.374	–0.191	9.62E-02	0.111	0.236	–9.42E-03	–0.187	1.65E-02	–0.123	0.114	0.224
Q30	0.690	–0.177	2.72E-02	–0.114	6.88E-02	8.67E-02	–0.147	0.238	–0.129	–0.113	0.108	–0.141
Q31	0.567	–0.184	0.300	–0.165	–7.49E-02	–0.124	7.07E-02	0.123	0.137	1.89E-02	0.244	–0.103
Q32	0.461	0.132	0.354	–4.49E-02	–0.240	–0.137	0.324	6.69E-02	0.132	6.32E-02	7.42E-02	1.24E-03
Q33	0.508	8.34E-02	–0.261	–0.212	–0.252	2.21E-03	0.374	–7.74E-02	3.54E-02	–0.231	9.15E-02	4.21E-02
Q34	0.556	0.117	0.161	4.12E-02	–0.151	–0.104	–1.41E-02	–0.224	0.176	–0.279	–0.143	0.122
Q35	0.471	0.285	–0.322	9.13E-02	–0.231	–7.79E-02	0.149	–2.54E-02	–0.179	0.194	6.13E-02	5.95E-02
Q36	0.510	–0.181	–0.115	0.215	–0.230	–1.52E-02	2.80E-02	0.175	–0.300	–0.106	–8.22E-02	–4.75E-02

（续表）

变量	因子											
	1	2	3	4	5	6	7	8	9	10	11	12
Q37	0.523	–0.417	–2.32E-02	–7.38E-02	–5.90E-02	–8.04E-02	9.65E-02	0.158	–2.47E-02	0.359	–0.171	–0.110
Q38	0.631	–0.256	0.117	–0.109	–0.160	0.126	0.105	–3.81E-02	–0.197	0.188	–0.163	–8.71E-02
Q39	0.663	5.24E-02	–0.128	–0.212	4.54E-02	0.225	–0.112	–0.194	–0.144	–4.69E-02	–0.221	6.36E-02
Q40	0.560	–0.164	0.451	8.92E-02	0.238	0.108	2.91E-02	–8.59E-02	–0.140	2.76E-02	2.87E-02	–0.131
Q41	0.395	0.518	0.201	0.154	7.28E-02	0.315	–2.23E-03	–0.221	–0.215	8.16E-02	–0.125	–5.09E-02
Q42	0.309	0.553	0.320	1.43E-02	–0.137	0.196	–0.220	–2.83E-02	–4.66E-02	–8.50E-02	–0.145	–0.207
Q43	0.400	0.342	9.06E-02	0.308	–0.43	0.131	–2.81E-02	–6.92E-02	–4.76E-02	9.22E-02	8.57E-02	0.133
Q44	0.517	–0.161	5.33E-02	0.192	–0.285	–1.27E-02	–0.371	–0.167	0.180	5.28E-02	2.96E-02	–0.269
Q45	0.645	0.163	–7.72E-02	0.132	–0.237	9.22E-02	–0.253	6.03E-02	0.178	2.66E-03	0.123	–4.13E-02
提取方法：主成分法												
提取了 12 个公共因子												

表 6-13 旋转后的因子矩阵

变量	因子											
	1	2	3	4	5	6	7	8	9	10	11	12
Q1	–1.02E-02	4.59E-04	0.114	4.89E-02	0.24	0.774	5.97E-02	3.74E-02	0.138	0.143	3.62E-02	7.91E-02
Q2	0.282	0.368	–0.228	–6.33E-02	0.322	0.131	–0.157	–0.131	–6.90E-02	0.323	0.257	9.97E-02
Q3	0.272	0.590	7.95E-02	4.55E-02	7.35E-02	0.243	–0.158	–0.108	–8.59E-02	1.25E-02	–5.50E-02	0.365
Q4	0.160	0.129	7.63E-02	0.140	0.694	7.35E-02	8.17E-02	–4.11E-02	6.33E-02	0.177	0.129	1.98E-02
Q5	6.65E-03	0.148	–0.174	0.219	0.165	0.486	8.46E-02	0.112	0.474	0.155	0.125	6.15E-04
Q6	3.37E-02	–1.10E-02	0.170	0.212	0.679	0.16	0.122	0.149	0.22	1.42E-02	–2.03E-02	0.103
Q7	0.209	3.39E-02	7.11E-02	0.748	0.184	2.25E-02	–4.04E-02	–4.94E-02	7.79E-02	0.189	–0.123	–7.65E-02
Q8	–4.32E-02	0.317	–4.99E-02	0.229	0.212	0.121	0.118	–9.80E-02	–3.59E-02	0.616	–6.00E-02	9.02E-02
Q9	0.103	–4.65E-02	8.03E-02	7.45E-02	1.56E-02	0.122	0.111	0.167	7.39E-02	0.777	0.12	4.28E-02
Q10	0.116	–2.49E-03	0.37	–1.19E-02	0.332	0.215	8.47E-02	0.314	0.156	0.410	–0.245	0.111
Q11	0.140	0.592	8.61E-03	0.433	–0.14	5.78E-02	8.61E-02	–1.89E-02	6.19E-02	4.05E-02	–5.01E-02	9.56E-02
Q12	0.148	6.40E-02	8.07E-02	0.158	0.379	5.53E-02	0.125	0.408	9.87E-02	0.209	0.345	0.122
Q13	0.260	–8.86E-03	9.58E-02	4.32E-02	1.99E-02	4.07E-02	8.37E-04	0.748	0.187	6.57E-02	0.113	0.116
Q14	–7.66E-02	0.149	0.329	0.550	0.361	0.101	6.41E-02	3.96E-02	6.45E-02	4.62E-02	8.70E-02	0.211
Q15	0.463	3.04E-02	0.215	5.13E-02	0.200	0.407	0.201	0.321	–0.176	2.05E-02	–6.44E-02	–0.186
Q16	0.129	0.320	8.48E-02	0.262	0.170	7.35E-02	0.363	0.388	–0.165	1.99E-02	–2.80E-02	0.116
Q17	0.301	7.57E-02	8.97E-02	0.129	0.208	6.92E-02	0.606	–5.05E-02	0.212	0.106	–4.23E-03	0.133
Q18	9.07E-02	9.34E-02	0.157	6.43E-02	8.05E-02	7.06E-02	0.574	2.54E-02	0.179	0.390	–4.78E-02	0.316
Q19	8.75E-02	2.44E-02	5.36E-02	0.104	9.48E-02	1.48E-02	0.148	0.164	7.46E-02	0.175	–3.08E-02	0.788
Q20	0.372	6.65E-02	0.340	–9.38E-02	5.35E-02	7.87E-02	0.187	2.44E-02	0.523	0.178	6.62E-03	0.199

（续表）

变量	因子											
	1	2	3	4	5	6	7	8	9	10	11	12
Q21	0.748	0.190	2.65E-02	–2.81E-02	0.184	3.00E-02	0.145	8.84E-02	–3.10E-02	–3.88E-02	0.101	0.172
Q22	4.47E-02	0.244	0.133	0.597	8.88E-02	3.84E-02	0.239	1.94E-02	–1.46E-02	3.89E-02	8.03E-02	0.340
Q23	0.595	–5.91E-02	0.309	9.13E-02	8.59E-02	–7.24E-02	0.235	2.12E-02	0.19	–1.47E-02	4.67E-02	7.52E-02
Q24	0.139	0.151	0.606	0.302	0.154	–6.01E-02	0.336	4.38E-02	5.74E-02	1.71E-02	2.65E-02	0.140
Q25	0.174	–0.123	0.241	0.147	0.137	0.407	0.198	0.155	0.185	3.27E-02	0.217	0.382
Q26	0.359	5.54E-02	0.272	4.04E-03	–0.133	0.493	0.285	5.77E-02	–4.60E-02	0.136	0.247	–2.84E-02
Q27	0.148	–8.62E-02	0.265	3.26E-02	0.211	0.177	–3.58E-02	9.68E-02	9.30E-02	–2.94E-03	0.629	–0.107
Q25	0.174	–0.123	0.241	0.147	0.137	0.407	0.198	0.155	0.185	3.27E-02	0.217	0.382
Q26	0.359	5.54E-02	0.272	4.04E-03	–0.133	0.493	0.285	5.77E-02	–4.60E-02	0.136	0.247	–2.84E-02
Q27	0.148	–8.62E-02	0.265	3.26E-02	0.211	0.177	–3.58E-02	9.68E-02	9.30E-02	–2.94E-03	0.629	–0.107
Q25	0.174	–0.123	0.241	0.147	0.137	0.407	0.198	0.155	0.185	3.27E-02	0.217	0.382
Q26	0.359	5.54E-02	0.272	4.04E-03	–0.133	0.493	0.285	5.77E-02	–4.60E-02	0.136	0.247	–2.84E-02
Q27	0.148	–8.62E-02	0.265	3.26E-02	0.211	0.177	–3.58E-02	9.68E-02	9.30E-02	–2.94E-03	0.629	–0.107
Q28	4.88E-02	3.99E-02	0.492	0.221	0.257	0.270	1.46E-02	–3.85E-02	0.135	–0.107	0.370	0.315
Q29	0.150	–0.170	0.180	–4.02E-02	0.479	0.212	0.248	0.271	5.59E-02	–4.22E-02	0.407	0.159
Q30	0.278	0.149	0.327	0.153	0.202	0.299	2.23E-02	0.378	0.186	–7.73E-02	2.91E-02	0.357
Q31	0.602	–7.34E-03	0.145	0.242	2.95E-02	9.06E-02	4.31E-02	0.273	0.248	1.06E-02	8.08E-03	0.113
Q32	0.520	0.194	3.53E-02	0.318	–0.170	4.81E-02	9.62E-02	0.130	0.125	0.215	0.157	–0.122
Q33	4.77E-02	–1.65E-02	7.88E-02	0.606	4.69E-02	0.129	0.248	0.283	–2.81E-02	4.06E-02	0.336	–8.96E-03
Q34	0.223	0.198	9.04E-03	0.151	4.20E-02	0.197	0.573	0.138	0.221	8.17E-02	0.143	–5.85E-02

（续表）

变量	因子											
	1	2	3	4	5	6	7	8	9	10	11	12
Q35	–0.118	0.171	0.199	0.380	4.65E-02	–3.70E-02	5.71E-02	6.87E-02	0.126	0.403	0.36	0.168
Q36	–2.51E-02	5.90E-02	0.310	2.68E-02	–8.58E-02	0.350	3.17E-02	0.372	0.177	0.191	0.280	0.177
Q37	0.320	–0.171	0.631	9.57E-02	7.29E-02	0.213	–9.35E-02	7.30E-02	0.166	0.171	9.22E-02	1.60E-02
Q38	0.289	0.11	0.605	8.13E-02	7.30E-02	9.91E-02	7.73E-02	0.299	0.115	7.16E-02	0.228	–5.13E-02
Q39	1.69E-02	0.289	0.466	0.178	0.332	9.88E-02	0.387	0.170	1.07E-02	–6.01E-02	0.182	0.123
Q40	0.494	0.256	0.228	–0.180	0.270	0.102	7.78E-02	0.401	6.55E-02	0.130	–3.65E-02	–1.93E-02
Q41	5.04E-03	0.729	8.95E-02	–4.57E-03	0.242	–0.102	0.140	0.118	4.67E-04	0.202	0.149	–9.03E-02
Q42	3.26E-02	0.760	1.23E-02	8.56E-02	–3.42E-02	–1.56E-02	0.156	6.61E-02	0.242	–4.31E-02	–5.98E-02	–5.08E-02
Q43	5.28E-02	0.419	–3.22E-02	7.42E-02	–8.34E-02	–5.59E-02	0.114	5.38E-02	0.340	0.220	0.497	2.83E-02
Q44	0.117	6.02E-02	0.217	–1.97E-02	0.156	8.69E-02	0.166	0.174	0.726	–8.06E-04	8.41E-02	–8.43E-03
Q45	0.127	0.280	8.85E-02	0.237	0.184	0.171	0.141	5.58E-02	0.526	3.09E-02	0.273	0.223
Q40	0.494	0.256	0.228	–0.180	0.270	0.102	7.78E-02	0.401	6.55E-02	0.130	–3.65E-02	–1.93E-02
Q41	5.04E-03	0.729	8.95E-02	–4.57E-03	0.242	–0.102	0.140	0.118	4.67E-04	0.202	0.149	–9.03E-02
Q42	3.26E-02	0.760	1.23E-02	8.56E-02	–3.42E-02	–1.56E-02	0.156	6.61E-02	0.242	–4.31E-02	–5.98E-02	–5.08E-02
Q43	5.28E-02	0.419	–3.22E-02	7.42E-02	–8.34E-02	–5.59E-02	0.114	5.38E-02	0.340	0.220	0.497	2.83E-02
Q44	0.117	6.02E-02	0.217	–1.97E-02	0.156	8.69E-02	0.166	0.174	0.726	–8.06E-04	8.41E-02	–8.43E-03
Q45	0.127	0.280	8.85E-02	0.237	0.184	0.171	0.141	5.58E-02	0.526	3.09E-02	0.273	0.223
提取方法：主成分法　　旋转方法：方差最大旋转法												
迭代次数：23 次迭代收敛												

第三节　结果分析与模型修正

一、结果分析

根据因子分析结果，得到了 12 个公共因子来代表调查量中的 45 个变量。根据旋转后的因子矩阵，可以将 45 个变量重新归并，如表 6-14 所示。

表 6-14　观测变量因子分析结果

变量	因子											
	1	2	3	4	5	6	7	8	9	10	11	12
Q15	0.463											
Q21	0.748											
Q23	0.595											
Q31	0.602											
Q32	0.520											
Q40	0.494											
Q2		0.368										
Q3		0.590										
Q11		0.592										
Q41		0.729										
Q42		0.760										
Q24			0.606									
Q28			0.492									
Q37			0.631									
Q38			0.605									
Q39			0.466									

（续表）

变量	因子											
	1	2	3	4	5	6	7	8	9	10	11	12
Q7				0.748								
Q14				0.550								
Q22				0.597								
Q33				0.606								
Q4					0.694							
Q6					0.679							
Q29					0.479							
Q1						0.774						
Q5						0.486						
Q25						0.407						
Q26						0.493						
Q17							0.606					
Q18							0.574					
Q34							0.573					
Q12								0.408				
Q13								0.748				
Q16								0.388				
Q30								0.378				
Q36								0.372				
Q20									0.523			
Q44									0.726			
Q45									0.526			
Q8										0.616		
Q9										0.777		
Q10										0.410		
Q35										0.403		
Q27											0.629	
Q43											0.497	
Q19												0.788

通过旋转后的因子矩阵可以发现，变量 Q2、Q25、Q12、Q16、Q30、Q36、Q10、Q35 八个变量的最高载荷系数较低，分别为 0.368、0.407、0.408、0.338、0.378、0.372、0.410、0.403，都在 0.45 以下（表 6-14 中涂灰色部分）。这八项具有较小载荷系数的变量，虽然具有较高的共同性，除了 Q36 的共同性为 0.548 之外其余均在 0.55 以上，但在进行公共因子归并时，我们可以先将它们剔除出来，在随后的分析中再进行处理。除以上八个变量没有达到应有的载荷系数外，其余的都可以载荷到相应的公共因子上。

但是，通过对表 6-14 的数据分析，我们得出如下结论。

变量 15、变量 40、变量 21、变量 23、变量 32 共同载荷公共因子 1，但在保障模型中，变量 15、变量 40 为可视化竞争情报服务的企业认知测度指标，变量 21、变量 23 为可视化竞争情报服务团队能力测度指标，变量 32 为可视化竞争情报服务实践效果测度指标。而且，除了因子 7、因子 8、因子 10、因子 11、因子 12 之外，其余 6 个公共因子所载荷的变量在保障模型中也分属不同的指标类型：因子 2 载荷企业认知 Q3 和团队能力 Q11、Q41、Q42，因子 3 载荷团队能力 Q24、Q37、Q38、Q39 和实践效果 Q28，因子 4 载荷企业认知 Q33 和团队能力中 Q7、Q14、Q22，因子 5 载荷企业认知 Q6、Q29 和团队能力 Q4，因子 6 载荷企业认知 Q1、Q5 和实践效果 Q26，因子 9 载荷团队能力 Q20 和实践效果 Q45。

因此，需要对这些变量的问题内容再次进行细致分析，我们可以得出如下结论。

不同的公共因子所归并的变量在运行保障模型中虽然分属于不同的测度指标类型，但它们在保障可视化竞争情报服务顺利运行上却隐含着共同的因素。例如，公共因子 1 载荷的变量表明了可视化竞争情报服务顺利运行所需要的适应性因素，可视化竞争情报服务能够顺利运行的前提条件是在企业中需要有鼓励“像竞争对手那样思考”即换位思考的开明文化（Q31），同时还要适应企业的规模（Q11）、管理者思维习惯（Q23、Q32、Q40）以及美学接受能力（Q21）。而公共因子 2 所归并的变量则从正反两个方面表达了信息展示系统效能问题。同样，其余 5 个归并在保障模型中属于不同测度指标类型的公共因子都可以找到揭示所载荷变量内涵信息且符合逻辑的经济描述。

此外，我们对上述因子载荷系数较低而剔出的八个变量做进一步分析发现：这些变量虽然载荷系数较低，但根据因子分析结果其所归并的公共因子，大部分都能够代表其内容与信息，从而可以划归到这些公共因子上，如变量 Q2、Q25、Q12、Q16、Q30、Q36、Q10，均可归到所对应的公共因子上。

仅有一个变量 Q35 载荷系数低，并且根据因子分析结构，其所归并到的公共因子并不能够反映其内容。我们对 Q35 问题内容进行分析后发现，该变量所反映的管理制度是可视化竞争情报服务顺利运行所需要的最基础的保障因素，是可视化竞争情报服务能够系统、有序生存与发展所必须采取的措施。虽然可视化竞争情报服务是一种激发创新和自由思维的方式，但没有必要的管理制度，其面对的将是一片嘈杂和狼藉。因此，不能仅仅根据载荷因子系数的大小将其剔除，在运行保障体系中，我们仍会将其放于一个重要位置。

基于上述分析，我们可以对这 12 个公共因子进行经济性描述，概括其所代表的经济含义，具体如表 6-15 所示。

表 6-15 公共因子的经济解释

公共因子	载荷变量	经济解释	解释度
1	Q15、Q21、Q23、Q31、Q32、Q40	可视化竞争情报服务适应性 Y_1	7.161
2	Q2、Q3、Q11、Q41、Q42	信息展示系统 Y_2	6.653
3	Q24、Q28、Q37、Q38、Q39	决策支持能力 Y_3	6.536
4	Q7、Q14、Q22、Q33	可视化竞争情报服务持续性 Y_4	6.144
5	Q4、Q6、Q29	决策者潜在信息激发 Y_5	5.784
6	Q1、Q5、Q25、Q26	高层信任 Y_6	4.884
7	Q17、Q18、Q34	设备配置 Y_7	4.844
8	Q12、Q13、Q16、Q30、Q36	聚焦能力 Y_8	4.788
9	Q20、Q44、Q45	管理者参与 Y_9	4.780
10	Q8、Q9、Q10	自动化程度 Y_{10}	4.641
11	Q27、Q43	通信能力 Y_{11}	4.420
12	Q19	信息获取能力 Y_{12}	4.106

注：铺灰底的变量虽然因子载荷系数较低，但依然可以划归到相应公共因子上。

通过公共因子解释，进一步明确了公共因子所载荷变量的普遍含义，为可视化竞争情报服务运行保障模型与指标体系的修正提供了有效依据。

二、模型修正

通过对 12 个公共因子的经济解释及其所反映的内容做进一步分析发现，可以对它们进行进一步的归并，这样所构建的运行保障指标模型更加清晰明了，更有利于捕获影响具体运行的关键因素。因此，可视化竞争情报服务运行保障修正模型如图 6-3 所示。

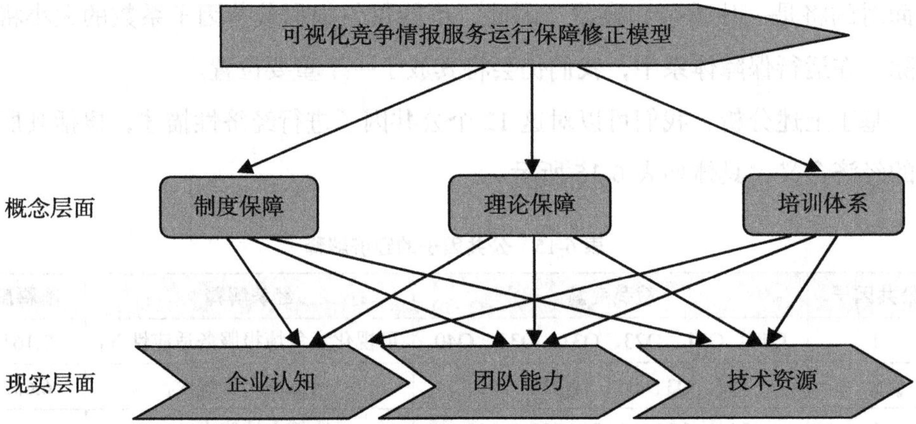

图 6-3 可视化竞争情报服务运行保障修正模型

从图 6-3 中可以看出，这个运行保障修正模型比修正前的模型更符合逻辑和可视化竞争情报服务的实际运行情况。

根据修正后的运行保障模型，以及公共因子的经济含义，我们可以对可视化竞争情报服务运行保障指标体系进行修正，同时根据前面的分析保留管理制度指标，构建可视化竞争情报服务运行保障修正指标体系，如表 6-16 所示。

表 6-16　可视化竞争情报服务运行保障修正指标体系

保障因素	保障指标
企业认知	可视化竞争情报服务适应性
	可视化竞争情报服务持续性
	高层信任
	管理者参与
	管理制度
团队能力	决策支持能力
	聚焦能力
	通信能力
	信息获取能力
	决策者潜在信息激发
技术资源	信息展示系统
	设备配置
	自动化程度

但是，从总方差分解表中可以看出，提取的这 12 个公共因子所解释的方差仅占总方差的 64.742%，即这 12 个公共因子仅能概括原始变量所包含信息的 64.742%。因此，我们仍需将原始变量纳入可视化竞争情报服务运行保障修正指标体系中，以做参考。

第四节　可视化竞争情报服务运行保障体系

一、可视化竞争情报服务运行保障体系框架

为了尽量减少或消除可视化竞争情报服务在发展与应用过程中可能受到的限制或遇到的困难与障碍，根据可视化竞争情报服务运行保障模型和指标体系，再结合我国企业竞争情报工作发展的基础与环境，可以进一步构建出图 6-4 所

示的可视化竞争情报服务运行保障体系框架。

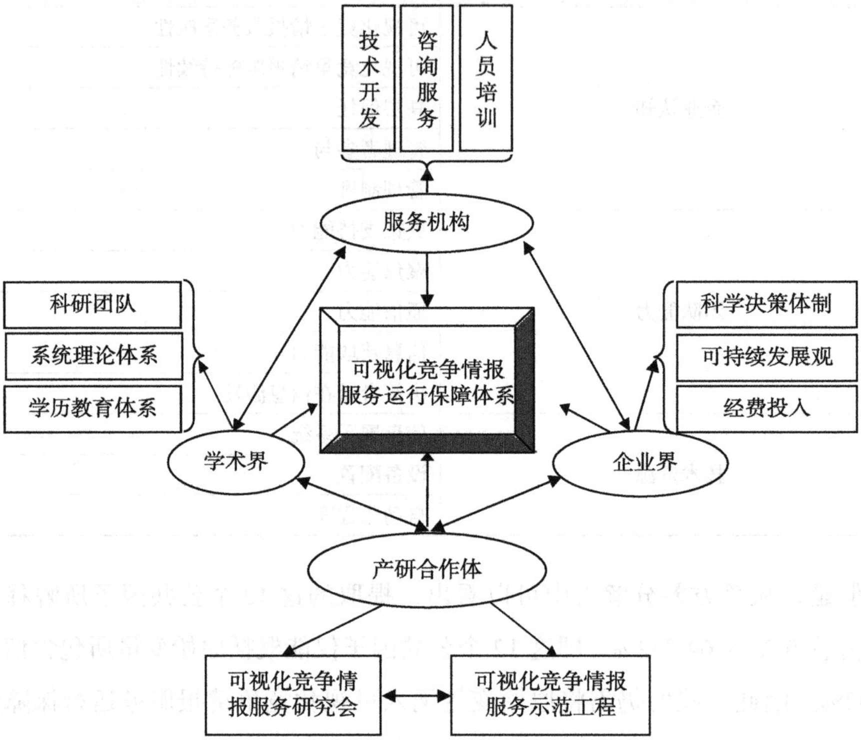

图 6-4　可视化竞争情报服务运行保障体系框架

可视化竞争情报服务运行保障体系框架中的主体主要是学术界、企业界、服务机构以及产研合作体。其中，需要做进一步解释的是，本保障体系框架中的学术界指投身于竞争情报理论研究的专家、学者所构成的研究群体。企业界指已经采用、将要采用或经过相应的调整能够采用可视化竞争情报服务模式开展竞争情报工作的企业群体。服务机构指可以为开展可视化竞争情报服务的企业提供技术、方法等方面的指导与帮助的组织。产研合作体则是指由学术界与企业界合作建立的研究性或实践性组织。该组织将可视化竞争情报服务理论研究与实践应用更紧密、更有效地结合在一起，从而更有利于促进理论与实践的良性互动。为了推动可视化竞争情报服务的理论发展和在我国的实践应用，需要学术界、企业界、服务机构以及产研合作体相互合作，共同促进。

二、可视化竞争情报服务运行保障要素

从可视化竞争情报服务运行保障体系框架中可以看出，可视化竞争情报服务运行保障要素可以按保障主体划分为学术、企业、服务及产研合作四个方面。

（一）学术保障要素

学术保障要素主要指经过学术界的科研努力所形成的强大的科研团队和系统的理论体系，以及经过竞争情报教育改革构建的科学的学历教育体系等。为了推动可视化竞争情报服务的发展，在学术界需要有一支实力比较强大的可视化竞争情报服务科研团队，他们不仅掌握着丰富的竞争情报理论，同时还对企业竞争情报实践有深入的了解，并致力于我国企业竞争情报理论与实践的突破。可视化竞争情报服务科研团队投身于可视化竞争情报服务的研究工作，努力完善可视化竞争情报服务理论体系，期望能够用可视化竞争情报服务理论解决当前我国企业竞争情报工作中存在的种种弊端，并对企业竞争情报工作进行范式革新。而对竞争情报学历教育进行改革，是为了适应可视化竞争情报服务的人才需求特点，优化学历教育的课程体系，为可视化竞争情报服务提供人力资源保障。

（二）企业保障要素

企业保障要素主要包括科学决策体制、可持续发展观和经费投入等。学术界开展可视化竞争情报服务研究、强化相关教育的根本目的是要为可视化竞争情报服务投入企业实践奠定坚实的基础。但可视化竞争情报服务运行成功与否，还取决于它是否适用于企业的运行环境，企业是否能够为可视化竞争情报服务的良好运行提供必须的条件。为了推动可视化竞争情报服务的顺利开展，还需要在企业界倡导科学决策机制，使决策能够真正实现民主，并以信息为依据，建立在科学的信息推演基础之上。为了实现企业的长远发展，企业界还应树立可持续发展观，明确持续的可视化竞争情报服务工作能够为企业带来的长期效应。有产出就

必须有投入，可视化竞争情报服务工作的开展也是如此。为了获得可视化竞争情报服务所能够为企业带来的各种效益，企业必须给予一定的经费投入，以保障可视化竞争情报服务的运行不会因为资金问题而无法持续，或无法获得预期效果。

（三）服务保障要素

服务保障要素主要有技术开发、咨询服务和人员培训等。在可视化竞争情报服务今后的发展过程中，服务机构起着非常重要的宣传、指导、辅助等作用。服务机构在可视化竞争情报服务相关技术的开发、实施指导与咨询服务，以及企业现有竞争情报团队向可视化竞争情报服务团队转化或实现可视化竞争情报服务成员技能提升的人员培训等方面，提供强有力的支持与保障。可视化竞争情报服务的服务链一旦成熟，就会迎来可视化竞争情报服务理论研究与实践应用繁荣发展的景象。

（四）产研合作保障要素

产研合作保障要素主要指建立可视化竞争情报服务研究会和可视化竞争情报服务示范工程。产研合作是将新理论较快地转化为生产力，并及时根据实践完善理论缺陷的一种非常有效的方式。可视化竞争情报服务研究会和可视化竞争情报服务示范工程是实现可视化竞争情报服务产研合作，加快可视化竞争情报服务理论与实践发展的有效途径。可视化竞争情报服务研究会是将可视化竞争情报服务理论研究者与实践者紧密团结在一起的一种学术性群众团体，它通过定期召开讨论会议，为理论研究者与实践者提供一种沟通与交流的渠道。可视化竞争情报服务示范工程，则是由可视化竞争情报服务理论研究者与具备可视化竞争情报服务运行条件并愿意开展可视化竞争情报服务的企业合作，由可视化竞争情报服务理论研究者与该企业竞争情报工作主管共同负责该企业可视化竞争情报服务的建立与运行。而且，该企业可视化竞争情报服务的成功经验将得到推广应用，成为其他企业效仿的样板。可视化竞争情报服务研究会和示范工程等产研合作体的建立，必将加速可视化竞争情报服务理论与实践的发展步伐。

第七章

未来展望

为了在快速变化的竞争环境中，有效挖掘竞争情报效能，进而提高企业的洞察能力和反应速度，实现企业竞争能力的提升，本书主要介绍了企业竞争情报服务工作的一种创新方法和过程——可视化竞争情报服务，并对其运行机制展开了由表及里、系统且深入的分析。可视化竞争情报服务是一种新的竞争情报工作运行模式，也是一种在动态多变且充满不确定性的竞争环境中实现信息无缝隙流动和有效控制的新的信息管理工具。这种运行模式和管理工具可以解决目前竞争情报工作中广泛存在的信息过载和信息孤岛问题，提高信息利用率，改善企业的决策过程。本书以可视化竞争情报服务的运行基础为起点，以可视化竞争情报服务的运行流程为主线，以运行保障为支撑，以运行准备和运行控制为推动过程与指导性协调措施，展开了多角度、深层次的研究与探讨，努力构建可视化竞争情报服务运行体系，为这种竞争情报工作范式在我国企业中的实践活动提供有效指导。

可视化竞争情报服务是一种集知识可视化、战争游戏法、团体动力学以及人类工程学等为一体的综合性的竞争情报工具。它利用知识可视化提取、外化信息中的隐含内容，激发分析者的思维；利用战争游戏动态地展现未来，为决策者提供决策试验的机会；利用团体动力学开发团队潜力，增强合作效果；利用人类工程学创造最佳环境，将人类智能与管理过程完美融合。

可视化竞争情报服务是一种跨组织部门的活动，需要调动企业各部门参与的积极性。为了拓展可视化竞争情报的搜集网络，需要在企业中营造良好的情报文化，培养企业各部门员工的情报意识，使他们能够留意日常的有用信息，并积极提交给可视化竞争情报服务部门。同时，可视化竞争情报服务运行中核心情报分析方法——战争游戏法的实施，更需要各部门相关人员的积极参与、配合。因此，“虚拟化”对可视化竞争情报服务过程来说应尽可能避免，虽然互联网和远程通信技术可以拓展可视化竞争情报服务团队成员的地理范围，但却会降低团队的沟通效率。网络或电话沟通中存在时滞、肢体语言无法传达等缺陷，使得“虚拟化”不适用于需要集结、融合团体智慧的可视化竞争情报服务的团队分析与决策过程。

我国企业竞争情报工作虽然面临着种种问题和困难，但同时也具备了适用于可视化竞争情报服务开展的信息、方法、心理以及决策机制等基础。发展出现了问题就需要变革，根据主客观条件，我国企业引进可视化竞争情报服务的时机已基本成熟。本书对可视化竞争情报服务运行机制进行了系统讨论，为在我国企业中推动这种竞争情报运行模式提供了一个可操作模板。

可视化竞争情报服务为企业竞争情报工作带来了一种新的发展契机，但一种新事物的出现或引入，必定会受到一定程度的阻挠。可视化竞争情报服务这一新兴竞争情报工作范式也不例外。它所带来的变革，必定会受到固守竞争情报传统思维的人们在一定程度上的抵制。因此，应积极化解可视化竞争情报服务推广应用过程中的阻碍因素。对此，我们需要在以下方面继续展开更加深入的探究。

（1）进一步全方位考证可视化竞争情报服务在我国企业推广的有利因素和不利因素，尤其是不利因素能够对可视化竞争情报服务在我国企业中的应用产生多大程度的影响，并对如何减弱或消除不利因素的阻碍作用提供解决方案。同时，不同的企业在引进可视化竞争情报服务并开展具体操作时也会存在一些差异，即可视化竞争情报服务在实际运行中会有一些可调整因素。我们应以企业竞争情报工作基础为自变量，分析可视化竞争情报服务运行的可调整因素，使可视化竞争情报服务更具实用性。

（2）加深可视化竞争情报服务运行成果评估指标体系研究。成果评估结果不仅可以体现可视化竞争情报服务的价值，还可以指导可视化竞争情报服务运行过程的改进，因此评估指标体系是可视化竞争情报服务运行控制的一个重要工具。在今后，我们应在实践中进一步检验、完善该指标体系，从而进一步完善可视化竞争情报服务的运行控制体系。

（3）加强可视化竞争情报服务培训体系和竞争情报教育革新研究。可视化竞争情报服务的有效运行和长远发展，需要从企业认知、团队能力、技术资源三方面采取有效的保障措施。为了增强企业认知和团队能力，充分发挥技术资源的效力，最根本的解决办法是加强对企业管理者和可视化竞争情报服务团队相关知识与技能的培训。与此同时，为了适应这种新的竞争情报工作范式，如何对我国当前的竞争情报教育体系和方式进行革新，则成为亟待解决的一项研究课题。